JN333663

ソーシャルビジネスの政策と実践

韓国における社会的企業の挑戦

羅　一慶
Ra Ilkyung

法律文化社

はしがき

　社会的企業育成法が施行された2007年以降，社会的企業（social enterprise）の可能性に対する韓国社会の期待は著しく高まりつつある。その期待はイデオロギーや与野党の党派を超えており，社会的企業はまるで「万能策」のようにその社会的有用性が語られている。たとえば，脆弱階層の雇用創出や脆弱階層への社会サービスの提供だけでなく，青年の失業問題の解決，社会サービス提供システムの革新，市場経済とは異なる良質な働き方の創造，連帯に基づく社会的排除問題の解決，地域コミュニティの形成，都市再生等々，社会的企業が生み出す社会的価値に対する韓国社会の期待は実に多岐にわたる。こうした期待を裏付ける制度的環境も，2007年以降，急速に発展しつつある。社会的企業育成法を法的根拠とする社会的企業の育成政策は雇用労働部だけでなく，中央政府のその他の省庁においても多種多様な形で行われるようになり，地方自治体のレベルにおいても，社会的企業の育成政策や支援体制の構築など，地道な努力を行っている地方自治体の数は増え続けている。

　こうした社会的企業をめぐる制度的環境の発展とともに，社会的企業の組織構造におけるハイブリッド性，すなわち多元的目標（multiple-goal），マルチ・ステークホルダー（multi-stakeholder），多元的経済（multiple-resource and social capital）という特徴を社会的企業の理念型として捉える動きも強まりつつある。また，社会的企業のハイブリッド性を社会性と事業性のハイブリッド性だけでなく，セクター間の関係性として捉え，社会的企業が政府，市場（営利企業），地域コミュニティというそれぞれのセクターとの関係性を志向することは，結果として組織の持続可能性を高めると同時に，セクター間の相乗効果をもたらし，課題解決につながりやすくなると考える傾向も強まりつつある。

　一方，日本の「社会的企業」をめぐる言説状況を見ると，2008年3月に発行された経済産業省ソーシャルビジネス研究会による『ソーシャルビジネス研究

会報告書』の発表以降，韓国や欧州と違い，ハイブリッド組織としての「社会的企業」よりも「ソーシャルビジネス」という用語が広く用いられている。第2章で述べるように，ソーシャルビジネスという用語の理論的・政策的な含意はハイブリッド組織としての社会的企業のそれとは異なるが，ソーシャルビジネスに取り組んでいる社会的起業家や政策関係者の関心を引き付けるために，本書の書名に「ソーシャルビジネス」という用語を入れることにした。

本書では，「ハイブリッド組織としての社会的企業」という分析枠組みに基づいて，まず，韓国の社会的企業に対する制度的環境は社会的企業のどのような社会的有用性に焦点を当てて形成され，実際どのように作用しているのかを考察する（第2章）。また，「制度の経路依存性」という分析枠組みに基づいて，韓国社会において社会的企業に対する社会的期待が高くなっている歴史的背景は何かを考察する（第3章）。さらに，社会的企業の発展可能性を考察するために，ソウル市およびソウル市内の自治区による「社会的経済エコシステム」と多種多様な「小規模の地域コミュニティ」を形成するための統合的な政策体系が作動する現場の実態についての分析を行う（第4章）。最後に，第5章の結論では，社会的企業が先導する社会的経済エコシステムの形成における地域コミュニティの重要性を論じるために，ソウル市における社会的経済エコシステム政策と「社会的経済基本法」をめぐる与野党の考え方や論点を考察することにする。

韓国の社会的企業に関する制度および政策を考察するための調査を行っていく際に，筆者を興奮させたのは，韓国の地方自治体の中でもっとも多くの政策的資源を持っているソウル市の社会的経済エコシステムと「マウル」（小規模の地域）共同体の「統合的」な政策体系であった。筆者が興奮した背景には，次のような3つの理由があった。

その1つは，ソウル市における社会的企業に関する育成政策が，ソウル市長になる前に自らを「ソーシャルデザイナー」と呼んでいた社会的起業家によって行われており，「本気」で行っていることが見えてきたからである。ソウル市の社会的企業育成政策のリーダーとなっている人が「社会的起業家」であったからこそ，これまでの他のリーダーと比べれば，行政による社会的企業の育

はしがき

成政策だけでなく，支援体制（ガバナンス体制）にも市民社会のさまざまな資源がより効果的に動員された。また，ソウル市のリーダーとなっている人，パクウォンスン（박원순，現ソウル市長）が社会的企業と地域コミュニティの社会的有用性を実際の活動を通して習得しており，その可能性を広げるための政策を「本気」で考えているからこそ，中央政府による社会的企業に関する政策と比べれば，ハイブリッド組織としての社会的企業の可能性を最大化するための地道な努力が現場レベルにおいても行われていた。そこで，筆者にとっては，ソーシャルデザイナーとしての社会的起業家が発揮していたリーダーシップが，ソウル市の「制度デザイナー」としての政治的起業家のそれへと変わっていくことによって引き起される韓国の市民社会および公共セクターのイノベーションの様子が，興味深い研究課題となってきたのである。

　もう1つの理由は，ハイブリッド組織としての社会的企業の持続可能性と発展可能性を高める市民社会的な基盤となる「小規模の地域コミュニティ政策」が，ソウル市においては，社会的企業に関する育成政策以上に重視され，執行されていたことに起因する。というのは，ソウル市においては，地域コミュニティ政策と社会的企業に関する政策が統合された形で推進されていたので，筆者にとっては，ハイブリッド組織としての社会的企業の持続可能性と発展可能性を高めるための制度的環境が，実際に，どのように構築され，どのように機能するだろうか，という興味深い研究課題が浮き彫りとなってきたからである。また，そのような課題を研究するのは，今後の韓国社会における社会的企業の育成政策の方向性だけでなく，日本や欧米における社会的企業の育成政策を改善するための方策を考えていく際にも有意義な作業になると考えられたからである。

　最後の理由は，改めて，法律や条例を法的根拠とする制度的資本の力を感じたことに起因する。2000年9月から11月まで，パク氏が，当時，韓国のもっとも影響力のあるアドボカシー運動組織（「参与連帯」）のリーダーとして，日本の市民社会を見て回る機会を得た時，彼にもっとも大きな影響を与えていた市民活動組織は「生活クラブ生協」や「ワーカーズコレクティブ」のような社会的経済組織であった。その後，彼は社会的起業家へと転身し，韓国においてもっ

とも成功した社会的企業の1つである「美しい店」を設立し，寄付文化と企業のCSR活動の拡散に影響を与えた「美しい財団」を設立することになる。さらに，韓国の地域社会に社会的企業やコミュニティビジネスを広げる伝道師としての活動を行うために「希望製作所」を設立する。要するに，2000年以降のパク氏の社会的起業家としての活動に日本の社会的経済組織が与えた影響は非常に大きい。

　しかしながら，社会的起業家としての活動の「社会的」影響力の範囲は，ソウル市長としてのそれとは，当然のことながら大きく異なる。実際，パク氏がソウル市長になってから，ソウル市が各地域で行った社会的経済活動は，ソウル市の制度的資本に支えられることで，1つの社会的企業だけでは成し遂げられない目に見える集合的利益の成果を示すことができるようになっている。日本の社会的企業や社会的経済組織が40年以上試行錯誤しながら発展させてきたノウハウや成果を一気にソウル市全体に適用する巨大な実験を行い，本書の第4章で考察するように，もうすでに一定の成果を成し遂げたのである。そして，この実験とその部分的な成果は，社会的企業に対する韓国社会全体の社会的期待を増幅させる決定的な要因になったと考えられる。韓国社会のこのようなダイナミックな変化は，筆者にとって，社会的企業の発展における制度的基盤の重要性を感じさせるものであった。それは，社会的企業が，単純に，市場競争の中で成立し，発展していくものではなく，ハイブリッド組織としての社会的企業の可能性を広げる法人制度や労働政策，そして，積極的な地域コミュニティ政策や都市再生政策などを含めた制度的基盤がセットになってはじめて持続可能な発展ができるという事実である。

　しかし，筆者の力量不足のために，本書ではソウル市の社会的経済エコシステムや地域コミュニティの統合的な政策について本格的な分析を行うことができなかった。本書は，第4章でソウル市の事例に触れてはいるものの，基本的には，ソウル市をはじめとする韓国社会全体における社会的企業や社会的経済組織に関する政策をめぐる制度的環境とその歴史的背景を考察することにとどまっている。それにもかかわらず，出版に踏み切ったのは，本書がソウル市による社会的経済エコシステムや地域コミュニティの統合的な政策を分析するた

めの予備的な研究書としての意味を持っていると考えたからである。というのは、ソウル市の社会的企業に関する政策の意味を韓国社会の歴史的文脈から理解するためには、当然のことながら、韓国社会における社会的企業の政策的意味や市民社会における社会的企業の意味合いを理解することが必要となるからである。また、ソウル市の社会的企業に関する政策は、それが実施されてから2年余りの時間しか過ぎていないため、その成果と課題を分析するには時期尚早であるという意味でも、本書は、今後のソウル市の事例研究を行うための踏み台になりうると考えた。そのような意味からすれば、本書は私のための研究書でもあり、ソウル市による社会的企業に関する政策に興味を有する研究者のためのものであるとも言える。

　本書の執筆にあたってお世話になった方々についてふれておきたい。まず、本書のための調査および研究ができた在外研究の機会を提供してくださった中京大学に御礼を申し上げる。次に、韓国社会的企業振興院長キムゼグ（김재구）氏、ソウル市社会的経済支援センター長イヨンエ（이영애）氏、ソウル市マウル共同体総合支援センター長ユチャンボック（유창복）氏、そして、ソウル市恩平区・城北区・銅雀区・麻浦区の関係者たちからは、韓国社会における社会的企業の歴史的意義やその可能性について有益な知見を与えていただき、今後の研究を通して少しでも恩返しすることができればと願っている。また、執筆の機会を与えていただいた中京大学総合政策学部長桑原英明教授をはじめ、教授会メンバーの先生方に御礼を申し上げたい。さらに、私の同僚である市島宗典准教授には本書の校正に大いに協力していただいた。また、かつて私が指導していた中野正隆氏（現在、日本福祉大学サービスラーニングセンターラーニング・コーディネーター）にも、本書の校正に協力していただいた。大変お忙しい中、貴重な時間を割いて協力してくださった市島准教授および中野氏に心から感謝の気持ちを伝えたい。なお、本書の刊行にあたり、法律文化社の舟木和久氏には大変お世話になった。原稿の締め切りを何度も守らなかったにもかかわらず、原稿を待ち続けていただいた。また、筆者がソウル市の事例研究の内容を本書にどこまで反映させるかどうかを迷ってしまい、本書の出版そのものが危うくなっていた時に賢明なアドバイスをしてくださり、助けられた。

最後に，在外研究期間中に私の時間を100％研究に使うことを許してくれた私のベストパートナー Lee, Hyewon に厚く御礼を申し上げたい。

　　2014年12月17日

羅　一慶

【目　次】

「ソーシャルビジネスの政策と実践――韓国における社会的企業の挑戦――」

はしがき

資料一覧

第1章　序　　論 ………………………………………… 1
――韓国における社会的企業と社会的経済エコシステム――

Ⅰ　万能策としての社会的企業　(1)

Ⅱ　ハイブリッド組織としての社会的企業とその社会的有用性　(5)

Ⅲ　「熱い氷，冷たい火」としての社会的企業　(8)

Ⅳ　社会的企業による雇用創出と社会サービスの提供機能　(11)

Ⅴ　社会的企業が先導する地域再生政策　(13)

第2章　社会的企業および社会的経済組織の制度環境と課題 ………………………………… 19

Ⅰ　韓国における社会的企業の概念上の混乱　(19)

Ⅱ　ハイブリッド組織としての社会的企業に関する分析の焦点　(22)

Ⅲ　韓国における社会的経済組織と社会的企業の現状と特徴　(27)

　1　社会的経済組織に対する認識と類型　(27)
　2　社会的経済組織の制度環境　(32)
　　(1)　自活企業　(32)
　　(2)　マウル企業（地域コミュニティ企業）　(34)
　　(3)　農漁村共同体会社　(35)
　3　社会的企業の現状と制度的特徴　(37)
　　(1)　社会的企業の定義と類型ごとの認証要件　(37)
　　(2)　社会的企業に対する直接・間接支援制度　(40)
　　(3)　認証社会的企業の現状と課題　(46)

Ⅳ　協同組合基本法と社会的協同組合の可能性　(53)
　　　1　協同組合基本法の背景と特徴　(53)
　　　2　社会的協同組合と社会的企業との関係性　(56)
　Ⅴ　制度環境と社会的企業のハイブリッド化　(59)

第3章　韓国における社会的企業と社会的経済組織の歴史的理解 …… 65

　Ⅰ　社会的企業制度の歴史と経路依存性　(65)
　Ⅱ　社会的経済組織の市民社会的基盤と制度環境の歴史　(68)
　　　1　国家主導的な旧社会的経済組織（1987年以前）　(68)
　　　2　社会的経済組織の市民社会的基盤づくり（1987年〜1997年）　(72)
　　　3　潜在的社会的企業の拡散（1998年〜2007年）　(74)
　　　　(1)　キムデジュン政権（1998年〜2003年）における社会的経済　(74)
　　　　(2)　ノムヒョン政権（2003年〜2008年）における社会的経済　(78)
　　　4　社会的企業の量的成長期（2007年〜2009年）　(81)
　　　5　社会的企業の地域化と社会的経済エコシステム（2010年〜現在）　(83)
　Ⅲ　社会的企業の展望と社会的企業エコシステム　(87)
　　　1　国家と市民社会の相互作用のあり方　(87)
　　　2　福祉国家の到来と社会的企業　(90)
　　　3　ハイブリッド組織としての社会的企業の成長要因　(91)

第4章　住民参加型都市再生事業と社会的企業 …… 97

　Ⅰ　地域の再発見と社会的経済の発展戦略　(97)
　Ⅱ　セクター間の肯定的な媒介組織としての社会的企業と地域再生　(100)
　Ⅲ　ソウル市の住民参加型地域再生政策と社会的経済エコシステム　(102)
　　　1　地域コミュニティの再発見　(102)

2　三位一体のまちづくりによる地域再生　(107)

Ⅳ　ソウル市城北区における地域市民社会と社会的企業　(111)

　　1　住民参加型地域再生事業の背景　(111)
　　2　社会的企業と市民社会組織および地域コミュニティとのガバナンス　(112)
　　3　社会的企業と行政とのガバナンス　(116)

Ⅴ　ソウル市恩平区における地域市民社会と社会的企業　(119)

　　1　住民参加型地域再生事業の背景　(119)
　　2　社会的企業と地域コミュニティとのガバナンス　(120)
　　3　社会的企業と行政とのガバナンスおよび中間支援組織　(125)

Ⅵ　地域社会を基盤とする社会的経済エコシステム　(130)

第5章　結　論 …………………………………… 137
―― 社会的企業から社会的経済の構築へ ――

Ⅰ　ソウル市の社会的経済エコシステム政策と
　　マウル共同体づくり政策　(137)

Ⅱ　社会的経済基本法案と社会的経済エコシステム　(143)

Ⅲ　戦略概念としての地域 ―― 今後の分析課題 ――　(150)

参考文献一覧
索　　引

【資料一覧】

資料1-1　社会的企業および社会的経済組織が生み出す社会的価値
　　　　（与野党の社会的経済基本法案より）（4）
資料2-1　社会的経済組織の類型（29）
資料2-2　旧協同組合型の組織原理に基づく社会的経済組織（30）
資料2-3　韓国における生産型社会的経済組織の概要（32）
資料2-4　社会的目的の類型ごとの社会的経済組織（36）
資料2-5　社会的企業に関する支援制度（43）
資料2-6　社会的企業の量的拡大（46）
資料2-7　設立経路別の現況（47）
資料2-8　社会的企業の類型別の組織数とその割合（48）
資料2-9　社会的企業の雇用者のタイプ（50）
資料2-10　社会的企業の法人格（51）
資料2-11　社会的企業の活動分野（52）
資料2-12　地域別の認証状況（53）
資料2-13　社会的企業と社会的協同組合の比較（57）
資料3-1　制度化以前の社会的経済組織の歴史的変化（69）
資料3-2　社会的就労政策の流れ（76）
資料3-3　制度化以降の社会的経済組織の歴史的変化（81）
資料3-4　社会的経済組織に関する政策の拡散（84）
資料4-1　三位一体のまちづくりの概念図（110）
資料4-2　ザンスウマウルのコミュニティ活性化プログラム（115）
資料4-3　社会的企業・ヒキガエルの主な2つの事業（126）
資料5-1　社会的経済基本法案の制定目的（144）
資料5-2　社会的経済，社会的経済企業および社会的経済組織の定義（146）
資料5-3　社会的経済組織の基本原理および基本理念（147）
資料5-4　社会的経済組織の範囲（149）

第1章 序　論
——韓国における社会的企業と社会的経済エコシステム——

I　万能策としての社会的企業

　2007年の社会的企業育成法の施行以降，社会的企業（social enterprise）に対する韓国社会の期待は実に多種多様であり，しかも，社会的企業の実態と比べ，その期待度は党派やイデオロギー的な立場を超えて大変高く，それに伴って社会的企業や社会的経済（social economy），社会的経済エコシステム（social economy ecosystem）に関する言説（discourse）も熱く盛り上がってきている。社会的企業とそれが先導する社会的経済は，社会サービスの不足，失業問題，貧困問題，社会的排除の問題，地域共同体の回復など，さまざまな社会問題を解決できる万能策のように語られる。

　たとえば，あるグループは，社会的企業や社会的経済が市場経済に対する代案的な経済パラダイムになりうるという夢を見る。人や労働よりも資本や利潤を重視する市場経済，協力や連帯よりも競争とイノベーションを重視する市場経済に代替できる，あるいは，補完できる新しい経済システムとして社会的経済を捉え，その先導役を果たす事業体の組織構造として社会的企業に注目するのである。また，あるグループは，雇用なき成長の時代に入っている先進国において，社会的企業から新たな雇用創出の対案として機能するだろうという希望を抱く。要するに，社会的企業は社会的弱者に雇用の機会を提供したり，働く能力を身につけさせる「労働統合（work integration）」の機能を持つだけでなく，市場経済とは異なる良質の雇用を生み出す潜在力を持っていることに対する希望の光である[1]。さらに，他のあるグループは，社会的企業の労働統合機能

よりも「社会的包摂（social inclusion）」の機能に希望を抱く。社会的企業が，現代社会における新たな貧困を象徴する「社会的排除（social exclusion）」の問題，つまり，「資金的な不利だけでなく，コミュニケーションに困難を抱える対人的な不利，差別やスティグマに起因する社会的な不利，特定地域に居住していることによるコミュニティの不利など，いくつもの不利が複合的に重なり合った状態」を解決するための機能を持っていることに期待を寄せている。その際，期待されているのは，藤井敦史が適切に表現しているように，「給付行政に象徴される事後的な福祉救済ではなく，社会的に排除された人々が社会に再統合される過程において，問題発生の予防から潜在能力の発揮に至る一連の回復プロセスを重視した，当事者の社会参加を促す包摂機能である」[2]。

こうした社会的包摂の機能に注目しているグループのうち，またあるグループは，地域再生（都市再生）における社会的企業の役割に期待を寄せる。その際，社会的企業に期待されているのは，セクター間の肯定的な媒介組織として機能する社会的企業の可能性である。つまり，地域社会におけるそれぞれのセクター組織が持っている長所を引き出しながら，肯定的なシナジー効果を生み出す社会的企業の可能性に注目していることである。さらに，社会的企業の社会的包摂機能と密接に結びついている効果であるが，社会的企業とそれが先導する社会的経済が，最終的には国民の生活のあり方を新しくデザインする効果を持っていることに注目するグループもある。このようなグループは，第4章でソウル市における「住民参加型地域再生政策」について考察するように，互恵的な関係網としての多種多様な地域コミュニティを構築することで，都市社会における協調と連帯に基づく生活様式を新たにデザインすることを重視する[3]。

一方，行政側からも，市民社会側とその背景は違うものの，既存の社会的経済組織と比べれば，活気に満ちた社会的企業のダイナミックな活動や実験，そしてそのような特徴を支えている社会的企業の「企業家的な側面（entrepreneur dimension）」は魅力的な要素である。だからこそ，ある官僚は，社会的企業が国家の福祉機能の縮小による空白領域を埋める道具としての役割を果たすことができるように政策を練り上げようと工夫することになる。たとえば，第3章でふれることになるが，韓国の雇用労働部は，社会的に有用であるものの政府

第1章　序　論

のサービスが十分に提供できず，民間企業も受益性の問題のために参加しにくい社会サービスの分野において，既存の非営利組織よりは社会的企業が，国家財政への依存度が低く，さらに，そのような財政的資源を活かして社会サービスをより効果的で革新的なあり方によって供給することができるという期待を寄せていた[4]。要するに，行政の立場からすれば，社会的企業は社会サービスの民営化を推進するための効果的な手段となりうる可能性が高いということである。同様に，新たな雇用を創出したり，民間組織との協力体制により福祉政策を推進したり，住民参加型の都市再生を行っていく際にも，行政側にとって社会的企業の企業家精神と実験精神は魅力的な要素であると言える。

　もちろん，行政のこのような期待に対しては批判的な議論が存在する。たとえば，社会的企業を通した社会サービスの供給は，公的な社会サービスシステムが抱える問題を本質的に解消できるものではなく，一時的に延長しているにすぎないという批判がありうる。というのは，少なからず社会的企業は，社会サービスの供給活動における政府への財政依存度が高く，その過程で創出される雇用は比較的低賃金であり，また，そのような社会的企業の多くは財政的に圧迫されていることが多いために，サービスの品質を改善するための努力もそれほど積極的であるとは考えられないからである。このことは，一方では，社会的企業が行政の下請け機関に転落したり，社会的企業の仮面をかぶった事業体へと変質してしまう可能性が高いことを示唆する[5]。他方では，財政削減を進めたい行政側からすれば，藤井が述べているように，公的資金をそれほど投入せずとも，イノベーティブに問題解決をしてくれる社会的企業は，「公共サービスの隙間を埋めてくれる都合の良い公共責任解除のロジックとして利用しやすい機能[6]」を持っていることを意味する。このことは，韓国社会において，社会的企業や社会的経済に関する言説が盛り上がる否定的な理由の1つであったかもしれないであろう。しかし，これまでの考察から留意すべき点が1つある。それは，市民社会側にとっても行政側にとっても，社会的企業の機能に対する肯定的な意味においても否定的な意味においても，社会的企業は万能策のように使用される傾向があったということである。

　これらのことは，今後，韓国社会において，社会的経済がどのような姿で発

展していくかを理解する端緒となるであろう。社会的経済部門は，政府の財政支援に従属した下位の福祉伝達体系として転落するかもしれないが，他方，社会的経済組織が夢見ていた代案的な経済パラダイムの土台を構築できる方向へと発展していくかも知れない。[7]

　一方，社会的企業や社会的経済の可能性に対する期待の高さは，社会的経済基本法案をめぐる与野党間の議論と市民社会側の議論から見られるように，今日においても続いている。**資料1-1**は，与党と野党によって発議された社会的経済基本法案において，社会的企業を含む社会的経済組織が生み出す社会的価値がどのように規定されているのかを示したものである。この**資料1-1**からわかるように，与野党を問わず，社会的企業が「社会サービス拡充，福祉の

資料1-1　社会的企業および社会的経済組織が生み出す社会的価値[8]
（与野党の社会的経済基本法案より）

党　派	社会的価値の定義
セヌリ党（与党）	社会サービス拡充，福祉の増進，雇用の創出，地域共同体の発展，その他の公益に対する寄与など
新政治民主連合党（野党）	<u>社会的価値</u>とは，個人の私的利益よりも「<u>共同体構成員の社会的目的の追及と地域社会の発展</u>」に寄与することを主たる目的とした社会的経済活動を営為することによって得られる「<u>社会公益的成果</u>」であり，次の内容を包括する価値を意味する。
	ア）脆弱階層に対する良質の雇用創出と「労働統合」に寄与，イ）公共サービス・社会サービスの伝達体系の革新を通じた社会的経済組織の育成によって質の高い社会サービスの提供と雇用創出に寄与，ウ）社会・経済的弱者に対する多様な機会提供と生活の質の向上に寄与，エ）社会革新技術と資源の再開発用を通じた持続可能な発展に寄与，オ）「<u>立ち遅れた地域の開発など共同体の再生と地域経済の活性化</u>」に寄与，カ）共同体の社会的関係から分離された疎外階層に対する「<u>社会的関係</u>」の開発と社会的・経済的・不平等を解消するための「<u>社会的統合</u>」のための努力，キ）共同体構成員の民主的な支配構造と合理的で公正な配分の促進などを含める多様な社会的経済企業のモデルを拡散することで協同社会の文化に寄与，ク）社会的経済企業間の協力と連帯を促進し，事業提携と共同事業を通した地域業種，全国次元の協議会，民間連帯組織の構築などによって社会的経済の持続可能な発展に寄与，ケ）その他に社会公益的価値，倫理的生産と消費，公正な取引と健全な消費文化の向上，人権拡大と環境保護，公共の安全と便宜の増進および公益信託法第2条第1号で定めた公益事業への直接的な寄与

増進，雇用の創出，地域共同体の発展，その他の公益に対する寄与など」の社会的価値を生み出す事業体として見なされているのが，現状における韓国社会の社会的企業と社会的経済組織に対する合意水準であると言えよう。また，野党の法案内容からわかるように，社会的企業はその他にも，社会革新技術と資源の再開発を通じた持続可能な発展に寄与，立ち遅れた地域の開発など共同体の再生と地域経済の活性化に寄与，共同体の社会的関係から分離された疎外階層に対する社会的関係の開発と社会的・経済的・不平等を解消するための社会的統合のための努力，共同体構成員の民主的な支配構造と合理的で公正な配分の促進などを含める多様な社会的経済企業のモデルを拡散することで協同社会の文化に寄与，社会公益的価値，倫理的生産と消費，公正な取引と健全な消費文化の向上，人権拡大と環境保護，公共の安全と便宜の増進に寄与などの社会的価値を生み出す機能が期待されている。

　このような期待の背景には，2007年以降の社会的企業の成長による社会的経済の経済規模は，欧米と比べれば，いまだに非常に小さいが，多種多様な社会的企業が登場し，社会的企業の社会的有用性と社会的価値を立証した先進的な事例の存在がある。

II　ハイブリッド組織としての社会的企業とその社会的有用性

　それでは，これまでの非営利組織や市民社会組織と比べた時，社会的企業のどのような側面によって社会的企業が万能策であるかのように期待されることになったのであろうか。この問いについて本格的に論じる前に，韓国社会において社会的企業がどのように定義されているのかを見てみよう。社会的企業育成法によれば，社会的企業とは「脆弱階層に社会サービスまたは就労の機会を提供し，地域社会に貢献することで，地域住民の生活の質を高めるなどの社会的目的を追求しながら，財貨およびサービスの生産・販売等の営業活動を行う企業」を意味する。そして，社会的企業のこのような社会的目的を担保するための要件となる社会的企業の組織原理は，とりわけ①有給勤労者を雇用し，財貨・サービスの生産・販売等の営業活動を行うこと，②サービスの利用者や勤

労者など利害関係者が参加する意思決定構造を用意すること，③会計年度毎に配分可能な利潤が生じた場合，利潤の3分の2以上を社会的目的のために使用すること，④影響活動を通じて得た収入が，社会的企業の認証を申請した日が属する月の直前6ヶ月の間，該当する組織から支出された労務費の30％（2014年7月1日から50％）以上であること，⑤脆弱階層に雇用機会または社会サービスを提供し，地域住民の生活の質を高めるなどの社会的目的の実現を組織の主な目的とすること，である。

このような認証要件から，欧州の社会的企業研究者ネットワークであるEMES（L'emergence des Enterprises Sociales）ネットワークが強調する社会的企業の企業家的・経済的側面と社会的側面が組織構造において概ね反映されていることがわかる。とりわけ，既存の非営利組織と比べれば，社会的企業は次のような企業家的側面と経済的側面が強調されていることが特徴をなす。すなわち，①社会的企業は経営や運営において高度の自律性を有する。つまり，社会的企業は一定の市民グループが自発的に創設した事業体であり，自律的プロジェクトという枠組みで彼ら自身を統制する。したがって，社会的企業は公的補助金に依存することがあるが，行政や他の組織に社会的企業が管理されることはない。②社会的企業は経済的リスクを伴う事業活動を行う。つまり，社会的企業の財政的な存立可能性は，十分な資源を確保しようとするメンバーや労働者の努力次第である。③社会的企業では最少量の有償労働者が活動している。伝統的な非営利組織と同様に，社会的企業も，貨幣的資源と非貨幣的資源とを結合しようとする。また，有償労働者とボランティアとを結合しようとする。しかしながら，社会的企業が実践する活動には，最少量の有償労働者が必要である。

しかし，このような定義を行うだけでは，社会的企業の潜在的な社会的有用性の多種多様性を社会的企業の組織構造から推論し分析を行うことはできない。そこで，本書では，EMESネットワークが社会的企業に関する分析枠組みとして提示した「ハイブリッド組織としての社会的企業」という概念を取り入れることにしたい。ここでは，その際，藤井によって整理されたハイブリッド組織としての社会的企業の特徴を積極的に参照することにした。

それでは、ハイブリッド組織としての社会的企業とは何か。藤井は、EMESネットワークによって議論されているハイブリッド組織としての社会的企業の特徴を2つの次元に分けて捉えている[11]。その1つは、組織構造におけるハイブリッド性を重視する社会的企業の定義で、その構造は以下の特徴を持つと考えられる。すなわち、①事業の目標と同時に、多様な社会的目標を追求しているという意味で、多元的目標（multiple-goal）を持っていること、②マルチ・ステークホルダー（multi-stakeholder）の参加に開かれた組織であること、③市場からの事業収入、公的資金、コミュニティや市民社会に根ざしたソーシャル・キャピタルなどの多元的経済（multiple-resource and social capital）によって組織としての持続可能性を確保していることである。

　ハイブリッド性のもう1つの次元は、セクター間の関係性としてのハイブリッド性である。このような観点からすれば、社会的企業はコミュニティと市場と政府の媒介領域に存在する社会的経済組織であり、コミュニティと市場と政府の長所を引き出しながら、ポジティブなシナジー（肯定的媒介）を生み出すことが期待される社会的経済組織であるということになる。言い換えれば、「コミュニティ形成を通じた問題解決、市場におけるサービス供給を通した問題解決、政策提言やパートナーシップに伴う政治的問題解決、これらの機能をミックスさせたところ」に、ハイブリッド組織としての社会的企業の可能性があるという捉え方である。なぜ、このように、社会的企業のハイブリッド性が重視されるのかと言えば、コミュニティ形成、社会サービス供給、アドボカシーといった諸機能が密接に結びついた形でなければ、その原因が複雑に重なり合い絡み合っている社会的問題を解決し、社会変革を引き起こすことは困難であるからである。

　このような分析枠組みに基づいて社会的企業を定義するならば、社会的企業とは、組織構造のハイブリッド性やセクター間の関係性としてのハイブリッド性をうまくマネジメントしている社会的経済組織、また、そのようなマネジメントがうまくできている社会的経済組織であると言えよう。

　EMESネットワークによるハイブリッド組織としての社会的企業の概念を取り入れることで、社会的企業が、これまでの非営利組織や市民社会組織と比

べて，多種多様な社会的価値をより多く生み出すことができた理由を分析することができる。たとえば，地域密着型で脆弱階層に対する雇用創出と社会サービスの提供を行う社会的企業にとって，マルチ・ステークホルダーの参加は外部の地域環境との多面的な関係性を拡充させ，地域に埋め込まれているソーシャル・キャピタルへのアクセス可能性を含めた多元的経済を形成する基盤となる。そして，そのような特性は，既存の非営利組織と比べれば，社会的企業が財政的に自立する可能性を高める重要な要素となるわけである。また，社会的企業が創造性や実験性を維持するには，単一の財源に依存することは危険である。したがって，社会的企業には，組織外部とのネットワークづくりや地域コミュニティに根を下ろした活動を通して，政府からの補助金や地域におけるソーシャル・キャピタルを含んだ多元的資源を動員し，それをマネジメントできる能力が不可欠となるのである。言い換えれば，多元的経済としての社会的企業の活動は自らの持続可能な発展のためにも，地域社会における行政や地域コミュニティや営利組織とのネットワークづくりが必要であり，それは地域社会における協調と連帯に基づく社会関係の再生や脆弱階層の社会的包摂を可能にする社会関係の形成にも寄与することになるのである。さらに，セクター間の関係性としての社会的企業のハイブリッド性は，社会的企業がそれぞれのセクター組織が有する長所を引き出しながら，セクター組織間の肯定的な媒介組織として機能することによって，地域再生や地域の経済活性化に寄与できる可能性を持っていることを意味する。

III 「熱い氷，冷たい火」としての社会的企業

しかしながら，社会的企業が「多元的目標」，「マルチ・ステークホルダー」，「多元的経済」という3つの要素をすべて両立させることは，実際に，極めて困難である。たとえばセクター間の肯定的な媒介組織としての社会的企業が，市場の競争メカニズムと行政のヒエラルキーメカニズムや公正の原理とコミュニティの互恵性の原理などの運営メカニズムの多元性をマネジメントしていくことは極めて難しい課題である。本書では，EMESネットワークや藤井の社[12]

会的企業に関する分析枠組みと同様，社会的企業の組織構造における3つの要素とセクター間の関係性としてのハイブリッド性を，社会的企業の可能性を分析する際の重要な認識ポイントとして捉えている。要するに，ハイブリッド組織としての社会的企業の性質を社会的企業の理想型として捉えているのである[13]。

このような観点からすれば，社会的企業育成法や社会的経済基本法の効果に関する分析において焦点となるのは，これらの法律が社会的企業のハイブリッド化を促進し，ハイブリッド構造であるがゆえに持っている社会的企業の不安定的な側面を緩和できる制度的環境づくりにどれほど，また，どのように役に立っているかという問題になるであろう。というのは，社会的企業はハイブリッド組織であるがゆえに多種多様な社会的有用性が期待されている反面，同様にハイブリッド組織であるがゆえに不安定的な側面を持っているからである。実際，韓国の社会的起業家とのインタビュー調査において見えてきたのは，ハイブリッド組織としての社会的企業の特性に起因する固有の便益よりも，その経営と運営のコストが上回ることに頻繁に直面することによる虚脱感と挫折感であった。このような状況から伺えるのは，社会的企業は多くの社会問題に対する万能策としての可能性を持っている一方，韓国の中間支援機関のリーダーの言葉を借りて表現するならば，「熱い氷，冷たい火」のような存在であるがゆえに，大変難しい舵取りを要する事業体であるということであろう。

このような状況に関する危惧は，社会的企業の制度的同型化（institutional isomorphism）に関する議論に置き換えて考察することができる。ここで，制度的同型化とは，制度的規範に従わなければ，組織の正当性を失うこととなり，必要な資源を獲得できなくなることを恐れた組織が効率性の次元とは無関係に制度的環境によって同一に変形されていく現象を意味する。これをディマジオ（Paul DiMaggio）とポウェル（Walter W. Powel）は，「強制的（coercive）同型化」，「模倣的（mimic）同型化」，「規範的（normative）同型化」などで説明している[14]。[15]たとえば，一般市場での競争や政府資金をめぐる競争が激化するような制度環境では，社会的企業のハイブリッド構造は崩壊し，営利企業や行政組織への強制的同型化や模倣的同型化が起きる危険性があるという議論である。それ

について藤井は,ボード(Bode, I.)[16][17]らの議論を参照しながら,次のように述べている。

　外部環境から営利企業や行政組織への制度的同型化のプレッシャーを受けることにより,社会的企業においては,就労支援のみを重視するといった「目標の単一化」,市場からの収入のみ,あるいは公的資金のみに依存する「経済の単一化」,プロフェッショナリズムの浸透とそれに伴うボランタリズムや当事者参加の後退(すなわち,マルチ・ステークホルダーによる参加の後退)といった形で,ハイブリッド構造の危機が進行していく可能性がある[18]。

　それでは,以上のようなハイブリッド構造の危機に対して,社会的企業は,どのようにしてハイブリッド構造を維持しながら,持続可能な発展を可能にすることができるのだろうか。このような問いを本書の第2章および第5章で検討することになるが,社会的企業における固有の課題のうち,対外的な組織環境上の課題を中心に考察することにしたい。つまり,社会的企業や社会的経済組織を育成するための制度環境を形成する際に,どのような課題が重視されるべきであるかを考察することにしたい。たとえば,市民社会や行政や営利企業の関係において,社会的企業がどのようにして一定の自律性を維持しつつ,社会的企業の持続可能な発展の基盤となる「社会的経済エコシステム」を形成しうるのかという課題は,社会的企業の環境を形成する際に重要な政策目標になるであろう。
　本書では,社会的企業とそれに類似した事業体を包括する概念として「社会的経済組織」という用語を使用する。つまり,市場経済とは違い,コミュニティへの貢献や公益を実現するために多様な利害関係者が民主的な運営原理に基づいて運営する事業体を社会的経済組織と呼ぶことにする。このような定義から,社会的企業と社会的経済組織という用語の使い方は次のようになりうる。すなわち,社会的企業は社会的経済組織に属するもっとも革新的な事業体であると言えるが,社会的経済組織には社会的企業以外の事業体も含まれているとも言える。また,日本社会においては,社会的企業だけでなく,事業型NPOやコミュ

ニティビジネス，ワーカーズコレクティブなどは社会的経済を構成する事業体の一種であると言える。そして韓国社会においては，「社会的企業育成法」に基づいて政府が認証する社会的企業だけでなく，「自活企業」や「社会的協同組合」，「医療協同組合」なども社会的経済組織であると言えよう。韓国における社会的経済組織に関する詳細な定義は，第2章および第5章で述べる。

さらに本書では，「社会的経済エコシステム」という用語も分析概念として使っている。第2章および第4章で後述するが，韓国社会において，この用語は「政策目標概念」として使われている。たとえば，社会的企業を成長させるためには，社会的企業間の協調だけでなく，社会的企業とその他の社会的経済組織との協調も必要となるが，そのような協調を促す政治的・制度的・経済的・文化的環境を示す概念として社会的経済エコシステムという用語を使用することができるのである。ただ，社会的経済エコシステムという用語は，社会的企業の環境を構成する原理が「システム的な考え方」に基づいており，この原理は特定の政策的意味合いを含む。たとえば，社会的経済エコシステムという概念が政策目標概念として使われる際には，社会的企業の環境を構成する原理として，アクター間の競争（competition）と協調（cooperation），共生（symbiosis）と循環（circulation），自己組織化（self-organization）などの原理が強調され，そのような原理に基づく連帯（solidarity）と統合（integration）の理念が重視される。また，そのような原理によって支えられたシステム全体の安定性（stability）・回復力（resilience）・持続可能性（sustainability）・創意性（creativity）が重視される場合，社会的企業の社会的・政治的・経済的環境を形成する政策の原理を示す概念として社会的経済エコシステムという用語が使われることとなる。[19]

Ⅳ　社会的企業による雇用創出と社会サービスの提供機能

第2章で明らかにするが，2007年の社会的企業育成法の施行以降，韓国における社会的企業の典型的な類型は「労働統合型社会的企業（Work Integration Social Enterprise：以下，WISEとする）」である。より明確に言えば，「就労移行型WISE」ではなく，「継続就労型WISE」であったと言える。2013年4月現在，

継続就労型 WISE の割合は65％であり，これに対し，「社会サービス提供型社会的企業」の割合は 6 ％にすぎず，「地域社会貢献型社会的企業」の割合は 1 ％にすぎない。継続就労型 WISE が大きな割合を示しているもっとも大きな理由は，社会的企業育成法にある。この法律による制度が継続就労型 WISE を育成するように設計されていたからである。

　一方，2014年の社会的経済基本法をめぐる議論においては，社会的企業の生み出す社会的価値の種類が多様に想定されている。それはなぜだろうか。それは，雇用創出型社会的企業の中には，雇用創出の役割を果たしていく過程において，「多元的目標組織」としてのハイブリッド性を発揮する社会的企業も少なからずあったからであろう。たとえば，継続就労型 WISE の中には，労働統合の機能にとどまらずに，脆弱階層の社会的包摂のために地域市民社会組織や地方自治体と連携しながら，脆弱階層の居場所としてのコミュニティづくりにも努力する社会的企業が少なからずあったのである。というのは，社会的包摂の問題は，脆弱階層に対して仕事の機会を提供するだけで解決できる問題ではなく，その原因が複雑に絡み合っている問題である以上，脆弱階層の雇用問題に本気で取り組んでいる社会的企業の多くは，地域の社会的関係を共同体的に組織化するような努力をも行っていたからであろう。まさにこの点は，中央政府や地方自治体が社会的企業に対して協調と連帯に基づく社会的関係の構築を期待したり，地域再生の先導役として期待する重要な理由の 1 つであったと考えられる。

　それでは，欧州と比べて，韓国においては社会サービス提供型社会的企業の割合が少ない理由はどこにあるだろうか。これに関しては第 3 章で詳細に考察することになるが，そのもっとも大きな理由は，韓国の福祉レジームと市民社会組織間の相互作用のあり方に求められる。韓国における社会的企業は，福祉国家の衰退や国家の機能的縮小に対応する形で成長してきたのではなく，1997年の通貨危機を契機とする福祉国家の到来とともに成長してきている。また，韓国における社会的企業の成長は，ポスト福祉国家における社会サービス提供システムの改編過程の中で行われていたのではなく，国家の最小限度の福祉機能を充実させる過程において行われていた。したがって，いまだに韓国におけ

る社会サービスの提供水準は，欧州や日本と比べ，非常に低いレベルにとどまっており，それゆえに「社会サービス型社会的企業」の割合も低かったと考えられる。さらに，社会サービス型社会的企業の割合が少ない他の理由は，地域コミュニティを基盤とする市民社会の発達水準が低いことにも求められる。というのは，多元的経済組織であり，マルチ・ステークホルダー組織としての社会的企業であっても，そのような企業が動員できる地域コミュニティの資源の絶対的な量が欧州や日本と比べて極めて少ないからである。

　第3章で考察することになるが，自発的な市民参加に基づく地域コミュニティの脆弱さと，地域の相互扶助的なコミュニティに根ざしている市民社会組織の未発達は，「地域社会貢献型社会的企業」の割合が低いもっとも大きな理由の1つである。しかも，韓国の社会的企業は，欧州とは違い，協同組合のような社会的経済組織が官治組織として誕生し発達してきていたので，そのような社会的経済組織が多元的経済組織としての社会的企業の主たる資金源として機能していなかったのである。また，地域に根ざした社会的経済組織としての協同組合が活性化し始めたのは1999年以降であるために，地域社会における社会的企業と協同組合のような社会的経済組織との協力関係のレベルも大変低い状況であった。このような文脈からすれば，現在，国会で議論されている「社会的経済基本法」において，社会的企業が生み出す社会的価値として，自発的な地域コミュニティに基づく社会的関係のイノベーションではなく，地域コミュニティの回復とそのようなコミュニティに基づく社会的関係の形成が期待されている理由が理解できるだろう。言い換えれば，韓国の社会的企業の社会的有用性に関する議論において，ソーシャルイノベーションの対象となる地域コミュニティは官製コミュニティであり，そのようなコミュニティとは異なる「住民の住民による住民のための」地域コミュニティの形成が社会的企業の社会的価値として期待されているのである。

Ⅴ　社会的企業が先導する地域再生政策

　EMESネットワークによるセクター間の関係性としての社会的企業のハイ

ブリッド性に関する理解は，政府，市場，コミュニティの媒介領域に位置する組織と見なす「三極モデル（tri-polar model）」と呼ばれる認識枠組みに基づいている。すなわち，社会的企業と政府，市場，コミュニティの間の相互作用を組み込む形で，社会的企業の社会的価値が議論されている。しかしながら，前述したように，韓国社会においては地域コミュニティの未発達によって，多元的経済組織としての社会的企業が動員できる資源は，欧州や日本と比べれば，相対的に非常に制限されている。また，1997年の通貨危機以降の構造改革とグローバリゼーションの影響により，地域経済も著しく衰退しつつあったために，社会的企業が生み出す社会的価値として，地域コミュニティの活性化だけでなく，地域経済の活性化が注目されることになる。

　社会的企業のこのような社会的価値に注目した政策を本格的に推進した典型的な例は，第4章の事例研究の対象となっている，ソウル市の「住民参加型地域再生政策」である。この政策は，小規模の地域コミュニティを形成するための「マウル共同体政策」と「社会的経済エコシステム政策」を融合したものである。そして，その融合を促す組織となっていたのが社会的企業であったのである。たとえば，行政にとって多元的目標組織しての社会的企業に期待されていたのは，立ち遅れた地域の脆弱階層に対して一方的に社会サービスを提供するのではなく，社会的企業が脆弱階層自らもその提供過程に参加する機会を与えることで，脆弱階層をエンパワーメントできることである。

　また，行政がマルチ・ステークホルダー組織としての社会的企業に求めていたのは，他の社会的経済組織や地域市民社会組織とのネットワーキングを通して，競争だけでなく，協調と共生と地域内の循環経済を可能にする社会的経済エコシステムを創り上げることであったであろう。さらに行政は，社会的企業におけるマルチ・ステークホルダーグループは地域レベルに埋め込まれており，地域特有のニーズをより良く把握し，それを満たすための活動を行うことになるので，地域レベルにおける社会サービスの供給水準の向上も期待していたと考えられる。なお，行政にとって，多くの社会的企業は地域レベルでのマルチ・ステークホルダー組織であるからこそ，社会的企業は地理的移動性が低く，したがって，地域コミュニティと地域経済の持続可能な発展を支える長期

的な基盤になりうると考えられる。[20]

　最後に，行政にとって多元的経済組織としての社会的企業に期待されていた社会的価値は，まず，公的資金などの制度的資源を呼び水として使って地域に埋め込まれているソーシャル・キャピタルを掘り起こし，脆弱階層の居場所としてのコミュニティを構築することであったであろう。次に，そのようなコミュニティとの信頼関係を活かし，地域住民を地域再生政策に参加させることでコミュニティエンパワーメントを図ることも期待していたと考えられる。というのは，社会的企業が動員できる地域住民によるボランティア労働のような追加的な資源は，社会サービスの供給を増やす際に使われ，地域再生の過程を支えるために使われる可能性が高いからである。なお，行政は，社会的企業が公的資金を活かし，脆弱階層に対して無償あるいは市場価格よりも低い価格でサービスを提供できるという再分配機能も社会的企業に求めていた。

　地域再生政策において，セクター間の関係性としての社会的企業のハイブリッド性は，地域開発にとって重要な意味を持つ。なぜなら，社会的企業は地域レベルにおけるセクター組織のそれぞれの長所を引き出しながら，地域再生におけるシナジー効果を引き起す可能性を内在しているからである。社会的企業と地域再生との上記のような関係性からすれば，次の2つが理解できる。1つは，社会的企業のハイブリッド性は地域再生政策における社会的企業の役割を高め，強化することができる重要な要因であるということである。もう1つは，住民参加型地域再生政策は社会的企業のハイブリッド化とそれが有する社会的価値の創出可能性を最大化するための政策であるということである。

　これまでの考察から，「地域」は社会的企業の社会的有用性や社会的企業に対する政策支援の効果に関する社会的・政治的支持を向上させていくための戦略概念として捉える必要性があるということがわかる。まさにこの点が，本書の第4章で，ソウル市の2つの自治区に関する事例研究を通して，社会問題の解決のために，その問題の当事者や利害関係者が参加し，地域コミュニティとそれを基盤とする地域市民社会の再編を可能にする社会的企業がどうすれば発展していくことができるかを考察した理由でもある。ここで，本書の結論の1つを先取りして述べるならば，韓国社会における社会的企業と社会的経済エコ

システムの成長力は，多種多様な地域コミュニティの形成とそれを基盤とする地域市民社会の再編に社会的企業が寄与できるほど大きくなるということである。

1） たとえば，日本のワーカーズコレクティブは，資本中心の労働ではなく，人間らしい働き方を創出することに重点を置く社会的企業の典型であろう。
2） 社会的企業は，ただの労働統合だけでなく，社会的包摂機能を有する労働統合のイノベーションを進めているがゆえに，欧州において社会政策上の新たな担い手として注目され，法人格の付与や公的資金の投入がなされてきていたと考えられる（藤井敦史，原田晃樹，大高研道『闘う社会的企業──コミュニティ・エンパワーメントの担い手──』勁草書房，2013年，328頁）。
3） たとえば，現ソウル市長であるパクウォンスン（박원순）氏は，あるインタビューにおいて，自分の市長としてのミッションは，基本的に，「ソウル市民の生活のあり方を新たにデザインすることにある」と意見を表明している（『イシューを解明してくれる男・キムゾンベ』2013年3月8日，https://www.youtube.com/watch?v=kigTiEX0j-s）。
4） 雇用労働部『社会的就労創出事業の拡充方策』就労創出委員会会議資料，2004年3月26日。
5） ノデミョン（노대명）「韓国の社会的経済の現況と課題」『市民社会とNGO』第5巻第2号，2007年，51-52頁，68頁。
6） 藤井他・前掲注2，4頁。
7） ノデミョン，前掲注5。
8） 資料1-1は，セヌリ党社会的経済特別委員会による「社会的経済基本法案」（2014年）と新政治民主連合党社会的経済政策協議会による「社会的経済基本法初案」（2014年）を用いて筆者が作成した。
9） C.ボルザガ・J.ドゥフルニ（編），内山哲郎・石塚秀雄・柳沢敏勝（訳）『社会的企業──雇用・福祉のEUサードセクター──』日本経済評論社，2004年，26-28頁。
10） 藤井他・前掲注2。
11） 藤井他・同上。
12） 藤井他・同上。
13） 藤井他・同上，328-329頁。
14） Paul DiMaggio & Walter W. Powel, "The Iron Cage Revisited: Institutional Isomorphism and Collective Rationality in Organizational Field," *American Sociological Review*, Vol. 48, Issue, 1983.
15） *Ibid*, pp. 150-154.
16） 藤井他・前掲注2。
17） Bode, I., Evers, A. and Schultz, A., "Social Enterprises: Can hybridisation be sustainable?", Nyssens, M (ed.) *Social Enterprise: At the Crossroads of Market, Public Policies and Civil Society*, Rutledge (2006), pp. 237-258.

18) 藤井他・前掲注 2 ,111頁。
19) ジョンデウック (전대욱)『公共政策のエコシステム確立戦略と回復力の概念的適用』韓国地方行政研究院, 2014年, 8-27頁。
20) カルロ・ボルザガ, エルマンノ・トルシア「社会的企業と地域経済開発」OECD (編著), 連合総合生活開発研究所 (訳)『社会的企業の主流化』明石書店, 2010年。

第2章 社会的企業および社会的経済組織の制度環境と課題

I　韓国における社会的企業の概念上の混乱

　韓国社会は，貧困と構造的な失業，「社会的排除」(social exclusion)，地域共同体の解体など，解決すべき多くの課題を抱えている。しかし，これらの問題はその原因が互いに複雑に絡んでおり，その解決策を打ち出すのは容易でない。実際，1990年代後半まで，韓国政府も市場も効果的な解決策を提示することができない状況が続いていた。このような状況の下で，韓国社会では，貧困や雇用，社会サービス問題に対する方策を論じる政策用語として，「社会的企業」(social enterprise) という概念が使用される前に，「自活共同体」や「社会的就労事業団」という概念が使用されていた。これらの事業体は，社会的経済の規範的定義を概ね充足していたので，国家が直接関与して形成した事業体として初めての社会的経済組織であったと言える。とりわけ，社会的企業の社会的目的に最も近い社会的就労事業団という概念は，サードセクター部門における就労問題を検討する研究者や政策決定者などによって多く使われていた。

　その後，2000年12月に開催された「社会的就労に関する国際シンポジウム」を契機に，「社会的企業」という概念が公式に使用され始めることになり[1]，従来の社会的経済組織にとって新しい展開が始まることになったのである。つまり，既存の社会的経済組織のあり方が，企業家的側面 (entrepreneur dimension) と経済的リスクを強調する欧米の「社会的企業」という観点から読み直され，その発展可能性が議論できるようになったのである。たとえば，2003年後半から，雇用労働部は「社会的就労事業」を推進することになるが，

その定義は次のようになっている。「社会的に有用であるものの，政府のサービスが十分に提供されず，民間企業も受益性の問題のために参加しにくい社会サービスの分野を中心に非営利団体によって創出される仕事であり，欧州では社会的企業，社会的経済という概念が使用されている[2]」と定義されている。このような文脈からすれば，社会的就労事業団は，はじめからすでに潜在的な社会的企業として生み出されたものであったと言えよう。社会的就労事業による試行錯誤の経験と実績は，その後，第3章で詳細に論じるように，社会的企業育成法の制定につながっていくことになる。社会的企業の法制化により，自活企業や社会的就労事業団の新しい組織形態としての社会的企業には，社会的弱者の雇用創出を社会サービス領域における雇用拡大を通して達成し，併せて不足する社会サービス供給の創出に一定の効果をもたらすことが期待されていた。いわゆる，欧州の「労働統合型社会的企業」のように，労働統合効果と社会的包摂効果が期待されたのである。

　これまでの考察から，韓国社会において，日本において一般的に受け入れられている「ソーシャルビジネス」という用語が使われていない理由が推察できよう。日本において，韓国や欧州の社会的企業の概念にもっとも近い概念は，経済産業省が提唱する「ソーシャルビジネス」という用語である。たとえば，経済産業省設置によるソーシャルビジネス研究会は，ソーシャルビジネスについて，「さまざまな社会問題（高齢化問題，環境問題，子育て・教育問題など）を市場として捉え，その解決を目的とする事業」と規定している。そして，同研究会によれば，ソーシャルビジネスは「社会性と事業性と革新性（ソーシャルイノベーション）」という3つの要件を満たしている事業であると定義されている[3]。このような定義からすれば，日本のソーシャルビジネスという概念は，社会的企業におけるソーシャルイノベーション機能を強調するアメリカ的な議論（social business school）[4]から影響されていると言えよう。社会的企業に関するアメリカの議論がとりわけ強調している企業家精神や市場メカニズムを通じた革新的な問題解決を志向し，NPOと営利企業の中間に位置づけられる事業体が社会的企業であるという捉え方である[5]。

　一方，韓国社会において社会的企業育成法の制定（2007年）は，市民社会側

と学会における社会的企業という用語の使い方に混乱をもたらすことにもなる。社会的企業育成法が制定されてから,「社会的企業」という名称は政府が認証した社会的経済組織のみに使用されることになってしまったために,たとえば研究者の世界においても,ハイブリッド組織との社会的企業と政府が認証した社会的企業の概念を区別しなければならなくなった。すなわち,社会的企業が,一般名詞ではなく,固有名詞になったのである。そこで,低所得階層の協同組合方式による事業体である自活企業や社会的就労事業団も労働統合型社会的企業の1つとしての特性を持っていたにもかかわらず,雇用労働部から認証を受けなかった自活企業や社会的就労事業団については,社会的企業という名称を使用できなくなったのである。

社会的企業という用語のこのような限定的な使用は,市民社会側における社会的企業に関する言説にも影響を与えることになる。たとえば,市民社会や学会などは,社会的企業に関する意味伝達や議論に限界を感じ,社会的企業を包括しさらにその意味を拡大した概念として「社会的経済組織」や「社会的経済」という用語を使用することになった。[6] このように,社会的企業という名称を政府が認証した社会的経済組織のみに使用することになり,本書でも社会的企業の用語を使い分けている。すなわち,政府から認証を受けている社会的企業にのみ社会的企業という用語を使い,それ以外の社会的企業に対しては社会的経済組織という概念を使うことにした。

2010年以降,社会的企業が量的に急増し,その効用が多様な社会問題解決の代案として確認されていくにつれて,社会的企業の社会的・経済的環境の造成こそが,多様な社会的経済組織が自生し持続可能性を高めていく上で不可欠であるという議論が広がっていくことになる。そして,このような環境における相互作用のメカニズムを議論する際に,「社会的企業エコシステム」や「社会的経済エコシステム」という概念が使用されることとなり,そのようなエコシステムの作動原理をすでに具現化している欧州の「社会的経済」(social economy)に注目する議論が活性化することとなった。

このような概念が政策用語として本格的に使われ始めた契機の1つは,2010年の統一地方選挙であった。そして,その選挙において当選した首長を中心に,

実際に，社会的経済や社会的経済エコシステムをキーワードとする政策を実行する地方自治体の事例が増えることになった[7]。また，社会的企業の活動領域が広がり，その多義的な機能を立証する社会的企業の事例が増えていくにつれて，社会的弱者の労働統合や社会サービスの提供機能だけでなく，地域再生や地域コミュニティの形成による地域経済の活性化などの代案としての社会的企業や，その他の社会的経済組織の可能性に対する議論が深まることになる。たとえば，社会的経済の規範的な意味を強調する論者たちは，社会的経済をもう1つの経済，すなわちオルタナティブ経済を意味する概念として使用していた。そのような論者たちにとって，社会的経済とは，資本主義経済の弊害を補完あるいは（部分的に）代替し，当面の社会問題を解決するための新しい経済領域を意味していたのである。また，政府側でも既存の社会的経済組織を社会的企業へと転換させることで，政府の福祉拡大による財政負担を軽減しようとする政策努力が存在していたのである[8]。

それでは，社会的企業をめぐるこのような動きをどのように把握すればよいだろうか。本章では，欧州の社会的企業研究者ネットワークであるEMESネットワークによる社会的企業の理念型，すなわちハイブリッド組織としての社会的企業の特性に焦点を当て，社会的企業と社会的経済組織との関係について議論することにしたい。そこで，第Ⅱ節では，まず，EMESネットワークによる社会的経済組織や社会的企業に関する定義とともに，社会的経済組織や社会的企業のハイブリッド化を考察するための分析枠組みを検討する。第Ⅲ節では，EMESネットワークによる分析枠組みに基づいて，韓国における社会的経済組織と社会的企業の制度的特徴を考察する。最後に第Ⅳ節では，協同組合基本法（2011年）の制定によって新しく誕生した「社会的協同組合」の社会的企業としての特徴とその可能性について考察することにしたい。

Ⅱ ハイブリッド組織としての社会的企業に関する分析の焦点

EMESネットワークによれば，社会的経済組織を定義できるアプローチには法制度的アプローチと規範的アプローチがある[9]。まず，法制度的アプローチ

では，サードセクターを構成する企業や組織の法人形態は，国によってかなり異なっているものの，協同組合，共済団体，NPOなどのアソシエーションという3つのカテゴリーに分類される。これに対して，規範的アプローチでは，各組織が共通して持っている規範的な原則を強調する方法が取られる。ここで規範的原則というのは，社会的目的および資本よりも人や労働を重視する運営原理が組織のあり方や運営に適用されることを意味する。規範的アプローチの目的は，国によって異なっている法人形態がいかなる共通の流儀によって伝統的な民間セクターからも公的なセクターからも区別されるのかを可能なかぎり提示しようとすることである。[10]

EMESネットワークによれば，法制度的アプローチと規範的アプローチを結合した社会的経済組織の定義は次のようになる。社会的経済組織は，協同組合とその関連企業，共済団体，アソシエーションなどによって実行される経済諸活動を包含する組織である。その共通した特性は，以下の原則で表現される。[11]

・利潤を生むことよりも，メンバーやコミュニティへの貢献を目的とする。
・運営と経営における自律性。
・資本所有に従属されない民主的な意思決定過程（1人1票制）。
・所得分配における，資本に対する人間と労働の優越性（資本利得の制限などの特徴）。

本章では，上記の原則に基づいた事業体を「社会的経済組織」として定義することにしたい。しかし，社会的経済組織という概念だけでは，韓国において，社会的経済組織が社会的企業として転換する動因がどこにあるのか，社会的企業の将来展望や駆動力をどう理解するかという目的にとって，大きな限界がある。[12] というのは，社会的経済組織の概念は，その本質において，動態的というより静態的であり，サードセクターにみられる実に多様な状況を概略的に示すものとなっているからである。言い換えれば，社会的経済組織という概念は，社会的企業や社会的経済組織に関連する要因が持っている根底的な活力の把握

にとってあまり有効ではない[13]。たとえば，既存の社会的経済組織が社会的企業として変容していく内的なメカニズムやダイナミクスを分析することができない。

そこで，EMESネットワークは社会的経済組織と社会的企業の概念を理論的に区分する。EMESネットワークは，社会的企業が既存の社会的経済組織の新しい事業体として，もしくは新しい活力として登場している新しい社会的経済組織であることに注目し，社会的企業を説明するのに活用可能な，一連の共通基準を定義することとなる。この定義は，一方では経済的基準を，他方では主要な社会的指標を区別している[14]。まず，社会的企業の経済的・企業家的な側面にかかわる4つの基準になっているのは，①財・サービスの生産・供給の継続的活動，②高度の自律性，③経済的リスクの高さ，④最少の有償労働の存在である。次に，社会的企業の社会的側面を把握する5つの基準がある。それは，①コミュニティへの貢献と公益によって特徴づけられる財やサービスの生産という明確な目的を持っており，②コミュニティあるいは一定のニーズと目的を共有する集団に属する人々の関与によって生まれる，共同の活力が生み出すものである，つまり，市民グループが設立する組織であり，③資本所有に基づかない意思決定（1人1票制の原則に基づく意思決定）を行う組織であり，④活動によって影響を受ける人々による参加が保障されており，⑤利潤最大化行動を抑制する利潤分配の制限の運営原理を取り入れた組織である。

以上のような理論的な定義から明らかなのは，社会的企業は，非営利セクターあるいは社会的経済のまったく新しい展開であり，また，社会的企業に関しては，非営利組織と社会的経済組織という2つの概念を超える分析がふさわしい，ということである。本章では，韓国における社会的企業と社会的経済組織の相違点を理解するための分析枠組みとして，EMESネットワークによるハイブリッド組織（hybrid organization）としての社会的企業を用いることにしたい。次に，EMESネットワークによれば，分析枠組みとしての社会的企業に関する定義は次のようになる。すなわち，組織構造のハイブリッド性やセクター間の関係性としてのハイブリッド性をうまくマネジメントしているがゆえに，組織の社会的価値を最大化できた社会的経済組織を社会的企業（理念型としての社会的企業）と定義する。そこで，本章では，とりわけ，社会的企業や社会的経

済組織におけるハイブリッド性を組織構造のハイブリッド性とともにセクター間の関係性として捉え，このようなハイブリッド性が生み出す社会的価値に影響を与える，韓国の社会的企業と関連する制度や政策の特徴が何かということを分析の焦点とすることにしたい。

それでは，まず社会的経済組織の組織構造におけるハイブリッド性について簡略に考察してみたい。まず，組織構造のハイブリッド性とは，事業上の目標と同時に，多様な社会的目標を追求するという意味での「多元的目標」(multiple-goal)，多様なステークホルダーの参加に開かれた組織という意味での「マルチ・ステークホルダー」(multi-stakeholder)，市場からの収入，公的資金，ソーシャル・キャピタルなどの資源の混合によって組織としての持続可能性を確保するという意味での「多元的経済」(multiple-resource) というハイブリッド性を意味する。

これらのハイブリッド性の３つの要素は，相互に密接に結びついている。藤井らによれば，「多元的目標を維持するためには，単一のステークホルダーだが，支配するよりはマルチ・ステークホルダーの参加した共同所有形態であることの方が望ましい。他方，マルチ・ステークホルダーの参加は，外部環境との多面的な関係性を拡充させ，ソーシャル・キャピタルへのアクセス可能性を含めた多元的経済を形成する基盤となる。そして，多元的目標を追求すれば，必然的に課題解決のための外部環境とのネットワーク形成が求められるのである」[15]。要するに，組織構造としてのハイブリッド性は，社会的経済組織の社会性を担保する機能を持っており，社会的経済組織が自らの社会的目的を達成する過程において生み出す社会的価値の創出を促す機能を持っていると言えよう。

社会的経済組織における組織構造としてのハイブリッド性は，セクター間の関係性として捉えられる社会的経済組織のハイブリッド化を促進する組織内の制度的基盤である[16]。というのは，社会的経済組織は組織構造としてのハイブリッド性を持っているからこそ，コミュニティと市場と政府の媒介領域に存在し，市場的なアプローチだけでなく，コミュニティを基盤としたアプローチと政治的なアプローチを兼ね備え，これらを密接に結びつけることによって課題解決を図ろうとする活動が可能になってくるからである。このような特徴から導か

れる重要な論点は,「社会的企業にとって,市場において生き残り可能な事業体をめざすよりは,むしろ,それぞれのセクターとの関係性を志向することが,結果として組織の持続可能性を高めると同時に,社会的企業と政府,市場(営利企業),コミュニティとの間の相互作用が相乗効果をもたらし,課題解決につながりやすくなる」[17]ということである。言い換えれば,社会的企業はこうした媒介機能を有しているために,政府への政策提言やコミュニティ形成といった行動が可能になるのである[18]。

　しかし,社会的企業と市場,政府,コミュニティの関係は,現実には,さまざまな緊張をはらんだ関係でもある。なぜなら,社会的企業は,政府からの公的資金,市場からの事業収入,コミュニティからのソーシャル・キャピタルといった多元的経済を基盤として成り立つ組織として捉えられるが,このことは相互に対立する目標,組織文化,運営メカニズムによっても逆に影響を受ける存在であることを意味しているからである。すなわち,政府からは公平性に準拠した公共性,市場からは採算性からくる制約,コミュニティ側からは多様なステークホルダーの参加や合意の問題などの影響を受けることになる[19]。そこで,EMESネットワークではこうした点をうまく処理した社会的経済組織を社会的企業の理念型と呼んでいる[20]。

　社会的企業に関する認識において留意すべき点は,社会的企業にとって,市場,政府,コミュニティは,いずれも長所も短所もある両義的な存在だということである。EMESネットワークの理論構成において,社会的企業は,政府・市場・コミュニティ(地域市民社会)の間でバランスを取り,その長所を活かして社会問題を解決していく「肯定的な媒介」(positive synergetic mix)の担い手となることが重要とされている[21]。社会的企業が果たすこのような役割は,社会的企業が,市場・政府・コミュニティに対して,それらの変革にかかわり続けていくべき存在であるということを意味している。したがって,藤井らが強調するように[22],社会的企業は,市場的な課題解決や労働統合およびサービス供給の機能だけでなく,コミュニティの形成やそれを基盤とした社会的な課題解決,そして政治的な課題解決も重要な意味を持っている。すなわち,それらの複数の機能を兼ね備え,密接に結びついているところに社会的企業の強みがあ

るのである。しかし，社会的経済組織は3つのセクターの間で「否定的媒介組織」として機能する可能性もあることに留意しておきたい。次節や第3章で検討するように，実際，韓国における旧社会的経済組織は3つのセクターの間で「否定的媒介組織」として機能する側面を持っていたからである。

そこで，次節からは，社会的経済組織のハイブリッド性に注目しながら，社会的企業や社会的経済組織を支援するための制度や政策の特徴を考察する。EMESネットワークによる社会的企業のハイブリッド性という概念を用いることで，社会的企業や社会的経済組織の制度や政策を考察する際に，その分析の焦点は次のようになるだろう。すなわち，まず第1に，社会的経済組織や社会的企業に関する制度は，これらの組織の組織構造やセクター間の関係性としてのハイブリッド化を促進するように設計されているか，第2に，これらの組織がハイブリッドであることから生じるリスクをどのように減らしているのか，という点である。

Ⅲ 韓国における社会的経済組織と社会的企業の現状と特徴

1 社会的経済組織に対する認識と類型

欧州のEMESネットワークによる社会的経済（組織）の定義は，2010年ごろから，韓国社会にも影響を及ぼすことになる。たとえば，韓国において，社会的経済に関する条例をはじめて制定した忠清南道の条例によれば，社会的経済とは，「生活の質の増進，貧困，疎外克服など公共の利益という社会的目的を実現するために，協力と互酬性を基盤とする社会的経済組織による生産，交換，配分，消費が行われる経済的システム」をさす。そして，このシステム内には，社会的企業，マウル企業，協同組合，自活企業，社会投資組織・社会的金融組織，社会的経済組織を支援する中間支援組織などが含まれる。また，最近，国会で議論され始めた「社会的経済基本法」の与党案によれば，社会的経済とは「構成員相互間の協力と連帯，積極的な自己革新と自発的な参加を土台とする社会サービスの拡充，福祉の増進，雇用の創出，地域共同体の発展，そしてその他の公益に対する寄与などの社会的価値を創出するすべての経済的活動」を

意味する。また，上記の与党案によれば，社会的経済組織は，次のような基本原則に基づいて運営されている組織をさす。すなわち，まず，①社会的価値を実現すべきである，②社会的経済組織は多様な利害関係者が参加する民主的な意思決定構造を用意すべきである，③社会的経済組織は利潤を構成員共同の利益や社会的目的の実現のために優先して使用すべきである，④社会的経済組織は社会的経済の持続可能な成長のために相互に協力すべきである。

そして，同法案によれば，このような基本原則に基づいた社会的経済組織には次のような事業体が含まれる。すなわち，①社会的企業育成法による認証社会的企業および予備社会的企業，協同組合基本法による協同組合および協同組合連合会，社会的協同組合および社会的協同組合連合会，②国民基礎生活保障法による中央および広域の自活センター，地域自活センターおよび自活企業，③都市再生活性化および支援に関する特別法によるマウル企業，④農漁民の生活の質向上および農漁村地域の開発促進に関する特別法による法人・組合・会社・農漁業法人・団体，⑤障害者雇用促進および職業再活法による障害者標準事業場，障害者福祉法による職業再活施設，⑥社会福祉法による社会福祉法人，各種の協同組合法による組合，連合会，中央会などの組織，そして，⑦その他に社会的経済を実現し社会的経済組織を支援するために設立された法人や団体などがなりうる。

与党による社会的経済基本法案の内容から，韓国政府の場合，社会的経済組織を広義に定義していることがわかる。すなわち，社会的企業を包括する概念として社会的経済組織の概念が使用されている。それでは，韓国のアカデミックな世界において，社会的経済組織と社会的企業との関係はどのように設定されているだろうか。

シンミョンホ (신명호) は，社会的経済組織の規範的な定義に基づいて，韓国における社会的経済組織の類型を生産，消費，交換，分配の4つの領域により分類している[23] (資料2-1)。すなわち，社会的経済はコミュニティの利益や公益などの社会的価値を実現するために財やサービスを生産・交換・消費・分配する組織の活動により構成される経済活動の領域である。シンによれば，たとえば，消費と関連する社会的経済組織である生活協同組合や生産と関連する

労働者協同組合や分配と関連するマイクロクレジット機関などが社会的経済部門に属する組織である。そしてこの中で，社会的企業は社会的経済の「生産部門」を担当する組織であると分類される。経済活動において生産組織の影響力が大きいという点を考慮すれば，社会的企業は社会的経済の発展に寄与できるもっとも大きな主導的組織であると言えよう。一方，社会的企業が多様な部門で生産活動を行っていく上で，社会的企業の他の社会的経済組織との関係は，社会的企業の重要な経済的環境を特徴づける要素になると言える。

資料2-1　社会的経済組織の類型

経済活動の領域	社会的経済組織の例
生　産	社会的企業，自活企業，マウル企業，農漁村共同体会社，基本法協同組合，社会的協同組合，労働者協同組合など
消　費	農協や水協などの協同組合，消費者生活協同組合，医療生活協同組合，共同育児協同組合など
交　換	地域貨幣などの組織など
分　配	マイクロクレジット機関，社会投資財団，慈善募金団体など

　社会的経済組織は，潜在的社会的企業としての意味も持っている[24]。すなわち，社会的経済組織は，社会的企業と社会的目的を共有しつつ，社会的企業と共通の運営原理を持ちうる潜在的な社会的企業，あるいは，社会的企業に制度化される可能性の高い社会的企業の源泉となる組織である。たとえば，韓国において，勤労貧困層の生産共同体である「自活企業」や「社会的就労事業団」は社会的企業になりうる組織であろう。第3章で検討するように，実際，社会的企業育成法（2006年）が制定され，社会的企業が制度化されてから，自活企業や社会的勤労事業団は「認証社会的企業」の主な源泉であった。

　シンによる社会的経済組織の定義は，社会的経済組織の規範的意味を重視していたので，国家の経済開発の戦略の一環として設立された農協や水協などの社会的経済組織は除外されている。これらの社会的経済組織は，法制度的アプローチによれば社会的経済組織と呼ばれるはずであるが，1987年までに「官製協同組合」と言われていたことから想像できるように，社会経済組織としての高度の自律性を持っておらず，民主的な意思決定の条件を満たしていなかった

からである。しかし，これらの組織も，制度環境の変化によっては，社会的経済組織としての社会的有用性を発揮できる可能性を持っていることに留意しておきたい。実際，1987年以降の民主化過程において，既存の社会的経済組織は官製の社会的経済組織としての特徴から脱皮しつつある。第3章で考察するように，とりわけ一部の信用組合ではあるが，2007年以降，自らのアイデンティティと役割を社会的企業という観点から捉え直し，社会的企業との協調に積極的な信用組合が増えている。このような意味で，本書では，農協や水協や信用組合などを旧社会的経済組織として分類することにした。**資料2-2**からわかるように，これらの組織の経済規模や組織規模および利害関係者の数は，EMESネットワークによる社会的経済組織の定義に近い消費者生協，大学生協，医療生協と比べて，圧倒的に多いがゆえに，これらの組織が，理念型の社会的企業のようにハイブリッド化することができるならば，その波及力は大きいと考えられる。

資料2-2　旧協同組合型の組織原理に基づく社会的経済組織[25]

区分	旧社会的経済組織としての協同組合					新社会的経済組織としての協同組合		
	農協	水協	山林組合	信用組合	セマウル金庫	消費者生協	大学生協	医療生協
根拠法	農業協同組合法（1957年）	水産業協同組合法（1962年）	山林組合法（1980年）	信用協同組合法（1972年）	セマウル金庫法（1982年）	消費者生活協同組合法（1999年）	消費者生活協同組合法（1999年）	消費者生活協同組合法（1999年）
組織数	6万4792	3598	142	3万2893	4万1750	143	27	55
組合員数	245万人（2014年現在）	158万人（2013年現在）	49万人（2013年現在）	582万人（2012年現在）	1693万人（2012年現在）	93万人（2013年現在）	12万人（2013年現在）	3万3000人（2013年現在）

そこで本書では，旧社会的経済組織と新社会的経済組織を区分した上で，**資料2-2**のように，後者の社会的経済組織には，社会的企業，自活企業，マウル企業，消費者生協，基本法協同組合，社会的協同組合などが含まれると考えた。協同組合型の旧社会的経済組織に対応する新社会的経済組織は消費者生協である。この協同組合は，1998年に制定された「消費者生活協同組合法」（第

1条）を法的根拠とする。この法律によれば，生活協同組合とは「相互扶助の精神を基盤とする消費者が自主・自立・自治を原則とした生活協同組合活動を促進することで，組合員の消費生活の向上と国民の福祉および生活文化の向上に寄与することを目的とする」と定義されている。同法第8条によれば，「地域社会の持続可能な発展と環境・生態の保全のために努力すべきである」と規定されている。実際，消費者生活協同組合は，協同組合を基盤としながら，地域コミュニティに貢献するための活動を行っている事業体が多く，そのような意味では，地域社会貢献型の社会的企業を生み出す潜在的な社会的経済組織であると言える。

消費者生協の認可には，組合の事業区域内に住所や事業場あるいは勤務地がある30人以上の組合員が発起人となり，定款作成と設立総会の議決を経た後，事業区域を管轄する市長あるいは知事の認可が必要である。認可基準は組合員の設立同意者が300人以上であり，設立同意者の出資金の総額が3000万ウォン以上とならなければならない。また，消費者生協は，営利を目的としてはならず，組合員の議決権は出資金と関係なしに平等であるべきであり，特定の組合員または会員の利益のみを目的とする事業を行ってはならないとされている（「消費者生活協同組合法」第6条）。消費者生協による事業の種類は，消費生活に必要な物資を購入・生産・加工して供給する事業，消費生活に必要な共同利用施設を設置しサービスを提供する事業，組合員の生活改善や教育・文化事業，組合員の健康改善のための保健・医療事業，国家・地方自治体や連合会や全国連合会から委託された事業などである。

医療生協も，消費者生活協同組合法を法的根拠として設立されている。医療生協の数は55団体であり，組合員は3万3000人程度である。しかし，医療生協は，消費者生協と比べれば，医療サービスや介護などの福祉サービスを提供するという点で，消費者生協としての特性だけでなく，生産者協同組合としての特性を有する。実際，社会的企業育成法と協同組合基本法が制定されてから，一部の医療生協は社会的企業として認証され，また，2014年10月現在，多くの医療生協が社会的協同組合への転換手続きを進めている最中である。

それでは，消費者生協以外の新社会的経済組織のそれぞれの法的根拠や組織

規模はどのようになっているだろうか。社会的経済組織の新しい展開とも言える、社会的企業育成法による社会的企業は第3項で考察することとし、協同組合基本法による「基本法協同組合」や「社会的協同組合」については、第Ⅳ節で考察することとする。第2項ではまず、その他の新社会的経済組織について考察することにしたい。

2 社会的経済組織の制度環境

資料2-3 韓国における生産型社会的経済組織の概要

区分	社会的企業	自活企業	マウル企業	農漁村共同体会社	協同組合
管轄	雇用労働部	保健福祉部	安全行政部	農林水産食品部	企画財政部
根拠法	社会的企業育成法（2007年）	国民基礎生活保障法（2000年）	都市再生活性化および開発促進に関する特別法（2013年）	農漁民の生活の質向上および農漁村地域の開発促進に関する特別法（2004年）	生活協同組合基本法（2012年）
開始年度	2007年	2000年	2010年	2011年	2012年
主要な参加者	脆弱階層	低所得層	地域住民	農漁村住民	当事者および利害関係者
政策目標	雇用創出および社会サービス供給	脱貧困	地域共同体活性化	農漁村雇用創出および所得増大	市場経済の問題点を補完
組織数	認証社会的企業1165社、予備社会的企業1522社（2014年9月現在）	2752社（2011年5月現在）	1119社（2014年9月現在）	725社（2012年現在）	基本法協同組合5601団体、社会的協同組合185団体（2014年9月現在）
雇用者数	2万6229人（認証社会的企業のみ）	4万4898人	1万117人	1万5924人	

(1) 自活企業

　自活企業は、2000年に施行された「国民基礎生活保障法」（第18条）により設立された社会的経済組織である。この法律の施行により、保健福祉部は、1996年に模範的に導入された「自活支援センター」を拡大する形で、国民基礎生活保障法上の受給者と低所得階層が労働・経営に参加することによって貧困から脱することを目的とする「自活共同体」という制度を推進する。一方、自活共

同体は，2012年8月からは，国民基礎生活保障法第18条の改定によって，「自活企業」へとその名称を変更した。

　自活支援制度は，「自活勤労事業団」と「自活企業」で構成される。自活勤労事業は，自活企業への発展・開発を目標とするインキュベーティング事業である。この事業の参加分野は，看護ケア事業，飲食物再活用事業，清掃事業，資源リサイクル事業，および，住居修理事業といった5大標準化事業である。次に，自活企業は，労働者協同組合的な事業体であり，国民基礎生活保障法を法的根拠に基礎自治体の首長により指定され，政策上の支援を受ける法的地位を持つこととなる。[26] この事業体の認証要件は，まず自活企業は2人以上の事業者で設立できるようになっており，自活企業構成員の3分の1以上が国民基礎生活保障法上の受給者でなければならない。なお，自活勤労事業団が自活企業へ転換する際には，事業の同一性を維持すべきであり，自活企業において自活勤労事業団に所属していない人々を参加させる際には，経営・技術上の必要性がある時に限ることとなる。

　政府の伝達体系上，自活事業を支援する組織となっていたのが「自活支援センター」である。このセンターは，その後，2000年には「自活後見機関」と名称を変更し，2007年に「地域自活センター」へと名称変更を行うこととなる。自活支援制度の導入後，地域自活センターは急速に全国に拡散した。施行直後である2000年7月に20ヶ所の地域自活センターが設置されていたが，2001年上半期には157ヶ所と増え，2012年現在，247ヶ所の地域自活センターが設置・運営されている。保健福祉部は，地域自活センターを民間委託形式で運営しており，委託主体は1990年代の生産共同体運動や失業国民克服運動を経験した地域市民社会組織などである。また，自活企業は，2011年5月現在，2752社が活動しており，4万5000人程度の人々が雇用されている（**資料2-3**）。

　地域自活支援センターは，脆弱階層のための職業訓練や労働参加などの社会的目的を追求しながらビジネス活動を行っていたという点で，とりわけ韓国における「就労移行型の労働統合型社会的企業」の原型であったと言える。[27] これに対し，自活企業は立ち上げ当初に，一定期間，公的補助金が投入されても，その後は，行政からの事業委託を含む事業収入によって，継続的な雇用を確保

しようとしている事業体であるという意味で「継続就労型 WISE」であると言える。実際，これらの事業体は，2014年4月基準で認証された社会的企業のうち，115社が自活企業であることからわかるように，社会的企業の主要な母体組織の1つであった。自活事業と関連してもう1つ注目すべき点は，これらの事業体が地域市民社会に根を張るような形で経済活動を行っていたことである。もう1つの注目すべき点は，自活企業は協同組合方式の組織形態をめざしていたので，後述することになるが，協同組合基本法を制定する際に，政府はすでに，自活事業と関連する事業体が基本法協同組合や社会的協同組合の法人格を取得することを期待していたことである。

(2) マウル企業（地域コミュニティ企業）

安全行政部は，マウル企業を「地域共同体に散在する各種の特化資源（郷土，文化，自然資源など）を活用し，地域共同体に基づいたビジネスを通して安定的所得および仕事を創出するマウル単位の企業」，そして，「地域住民が主導して地域の人材および資源を活用し，地域問題の解決と社会的目的を実現する地域共同体の活性化事業を行う企業」[28]として定義している。知識経済部も2010年に安全行政部のマウル企業と類似した政策を行うこととなる。知識経済部の支援を受けているコミュニティビジネス模範事業では，コミュニティビジネスを「地域が直面した問題を，住民が主体となって地域の潜在資源を活用してビジネスの形態で解決できること」[29]であると定義している。知識経済部は全国で10社の事業体に対してコミュニティビジネスを指定して支援したものの，2011年5月以降は事業を終了し，マウル企業へと統合される。マウル企業は，2012年までは模範事業の一環として行われていたが，2013年になって，「都市再生活性化および支援に関する特別法」により法的根拠を持つことになる。これまでの考察から，マウル企業は，社会的企業の類型からすれば，「地域貢献型社会的企業」であると言える。マウル企業は，2014年9月現在，1119社の事業体があり，1万人以上の人々が雇用されている。

しかし，マウル企業の組織形態は地域貢献型社会的企業としての社会的目的を担保しているとは言いがたい。マウル企業になるためには，法人，協同組合，商法上の会社など，その組織形態が法人であるべきであり，地域住民5人以上

が出資者として参加し，全体のメンバーのうち，地域住民の比率が70％を超えることが認定の要件となる。また，特定の１人とその人と特殊な関係にある人の資本の合計が全体の半分を超えてはいけないとされる。このような認定要件から理解できるように，組織構造において民主的な意思決定過程やマルチ・ステークホルダー所有構造を強調しているとは思われない。このような解釈は，マウル企業の選定基準を考察すれば，さらに確信できる。マウル企業の選定基準は，共同体の構成および事業計画の適切性（20点），財政の健全性および自己負担率（20点），自立経営および持続的な受益創出の可能性（30点），そして，安定的な仕事の創出（30点）となっている。[30] これまでの考察から，マウル企業に関する政策は，その実態についての詳細な調査が必要であるが，マウル企業の事業性と公益性（および共益性）と地域性を強調しているだけであって，組織構造におけるハイブリッド性はほとんど考慮されないまま考案されたものである可能性が高いと考えられる。このような特性は，次の農漁村共同体会社の事業でも同様に見られる。

(3) **農漁村共同体会社**

農漁村共同体会社は，イミョンバク（이명박）政権（2008年〜2013年）下の2011年に，農林水産食品部が，農漁村を活性化するために，コミュニティビジネスや社会的企業の概念を適用して導入した事業体である。農林水産食品部の公表資料によれば，この会社の社会的目的は，社会サービスの提供と雇用の創出を通して地域社会を活性化することである。つまり，社会的目的において，事業性，公益性および地域性が強調されている。次に，組織構成の要件は，地域住民と帰農者が自発的に結成した組織が参加し，また，該当する事業区域内の世帯主が50％以上参加しなければならない。ここで，事業区域とは200世帯程度で構成される小規模の地域コミュニティをさす。

農漁村共同体会社になりうる組織形態は，民法上の法人・組合，商法上の会社，農漁業法人，非営利民間団体であり，この中で農業法人がもっとも高い比重を占めている。農漁村共同体会社において，組織構造と関連する原理は，受益性と自律性が強調されているのみである。この会社の活動類型における割合を見ると，農食品産業型（55.0％）が大きな比重を占めており，都農交流型

(28.1%)，複合型（6.5%），地域開発型（5.3%），社会福祉サービス提供型（5.1%）の順となっている。2012年現在，725社の事業体が存在しており，1万5924人が雇用されている[31]。

　この社会的経済組織は，社会的目的のみを見るかぎり，地域貢献型社会的企業として見ることができるだろう。しかし，そのような社会性を担保する組織構造におけるハイブリッド性が具備されていないという意味では，擬似的社会的企業や擬似的社会的経済組織になる可能性が高い事業体であるとも言える。ここで，もう１つ留意すべき点を強調しておこう。ハイブリッド組織としての社会的企業の可能性は，健康な地域コミュニティに基づいているという点である。官製的な地域コミュニティに基づいた社会的企業が地域社会から動員できる地域資源は，当然のことながら限界がある。社会的企業の政府への依存度の増加は，自らの市民社会的基盤をむしばむ可能性を持っている。官製的な社会的企業に対する政府の過度な財政支援は，ノデミョン（노대명）が強調したように，「一種の化学肥料のようなもの」であろう。というのは，化学肥料をあまりにも多くあるいは長期間投入することになれば，結局のところ，土壌を駄目にする結果を引き起こすからである。そして，一度駄目になった土壌を回復するには多くの時間を要する[32]。これまで考察してきた社会的経済組織のうち，とりわけ安全行政部のマウル企業と農林水産食品部の農漁村共同体会社は，そのような危険性をはらんでいるように見える。

資料2-4　社会的目的の類型ごとの社会的経済組織

脆弱階層雇用の創出
自活企業
マウル企業（コミュニティビジネス）
社会的企業
脆弱階層への社会サービスの提供
地域社会への貢献

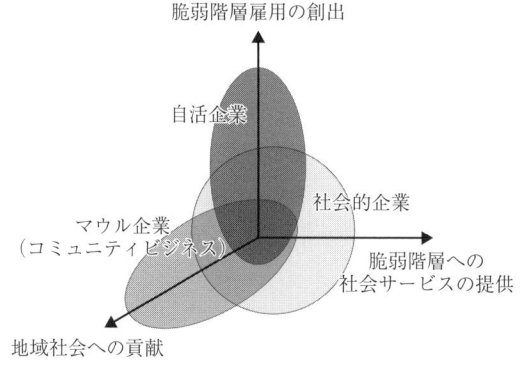

　一方，これまでの考察から，事業体の社会的目的に限って社会的経済組織を分類するならば，**資料2-4**のように類型化できるだろう。次節で検討するように，韓国における社会的企業の社会的目的は，社会的弱者に対する仕事の提供と社会

36

サービスの提供がその核であり，2010年以降は地域社会貢献も重視されている。自活企業の社会的目的は，国民基礎生活保障法上の受給者など低所得階層の脱貧困であり，社会的企業育成法による分類からすれば，「雇用創出型社会的企業」に近い類型であると言えよう。次に，マウル企業や農漁村共同体会社は，その社会的目的が地域社会の問題解決や地域コミュニティの活性化などの地域社会貢献を強調しているので，「地域社会貢献型社会的企業」であると言えよう。しかし，前述したように，マウル企業や農漁村共同体会社は，擬似的社会的経済組織あるいは擬似的社会的企業になる可能性も排除できない。というのは，自らの社会的目的を担保できる組織構造を持っていない可能性が高いからである。

3　社会的企業の現状と制度的特徴

(1)　社会的企業の定義と類型ごとの認証要件

　社会的企業育成法のもっとも大きな特徴は，認証制度にある。政府が認証した社会的企業（以下，「認証社会的企業」とする）は，厳格な審査過程を通じて認証を受けている事業体なので，社会的経済組織のうち，ある程度，組織体制や経営力量が確保された組織であると言える。社会的企業育成法は，その目的を，「社会的企業を支援し，我が社会で十分に供給されていない社会サービスを拡充し，新しい就労を創出することにより，社会統合と国民生活の質の向上に寄与すること」（第1条）としている。つまり，社会的企業による「労働統合」の機能を通して社会的統合に寄与したいという目的を明確にしている。このような目的をめざしている社会的企業は次のように定義される。すなわち，「脆弱階層に社会サービスまたは仕事の機会を提供し，地域社会に貢献することで，地域住民の生活の質を高めるなどの社会的目的を追求しながら，財貨およびサービスの生産・販売等の営業活動を行う企業」（第2条）のことで，第7条によって認証された企業であると定義する。要するに，社会的企業の社会的有用性は，持続発展可能な経済活動を通じた富の創出に寄与し，地域社会再建および倫理的市場を形成するなど，地域の発展と革新に中心的な役割を果たし，社会統合に貢献することから求められていたのである。社会的企業の社会的目的

と定義からすれば，欧州の代表的な社会的企業の類型である労働統合型社会的企業と同様に，社会的企業育成法は雇用創出と社会的包摂という社会的目的の達成が期待される労働統合型社会的企業の創出をめざしていたと言えるだろう。

　EMESネットワークによれば，社会的企業の社会的目的はその組織構造のあり方によって裏打ちされた時こそ達成できるようなものである。それでは，社会的企業育成法では，社会的企業の社会的・政治的正当性をどのように保障しようとしているのか。それは，社会的企業に対する認証要件を考察することによってより良く判断できるであろう。社会的企業育成法によれば，社会的企業の認証要件は次のようになっている。すなわち，社会的企業の認証要件は，①法律的に独立した組織形態を持っていること，②定款と規約等を整備していること，③有給勤労者を雇用し，財貨・サービスの生産・販売などの営業活動を行うこと，④サービスの利用者や勤労者など利害関係者が参加する意思決定システムを整備すること，⑤会計年度ごとに配分可能な利潤が生じた場合，利潤の3分の2以上を社会的目的のために使用すること，⑥営業活動を通して得た収入が，社会的企業の認証を申請した日が属する月の直前6ヶ月の間，該当する組織から支出された労務費の30％（2014年7月1日から50％）以上であること，⑦脆弱階層に雇用機会または社会サービスを提供し，地域住民の生活の質を高めるなどの社会的目的の実現を組織の主な目的とすることとされている。このような認証要件から，EMESネットワークによる社会的企業の企業家的・経済的側面と社会的側面が組織構造において概ね反映されていることがわかる。

　一方，2010年代に入ってからは，社会的企業の認証要件を部分的に緩和し，市民社会組織や社会的経済組織の社会的企業への転換を促し，あるいは，より多様な活動分野における社会的企業の参入をめざして，2つのタイプの社会的企業制度が設けられた。その1つは「地域型予備社会的企業」であり，もう1つは「部署型予備社会的企業」である。2010年の法改正によって設けられた地域型予備社会的企業は，社会的目的の実現，営業活動を通じた受益の創出など，社会的企業認証のための最小限度の法的要件を具備しているもの，受益構造など，一部の要件を充足していない組織を地方自治体の首長が指定し，将来的には要件を補完するなどして社会的企業としての認証が可能な組織である。そし

て，2012年の法改正によって設けられた部署型予備社会的企業は，社会的目的の実現，営業活動を通じた受益の創出など，社会的企業認証のための最小限度の法的要件を具備しており，中央政府の担当部局のリーダーが指定し，将来的には法的要件を補完するなど社会的企業としての認証が可能な組織である。指定期間は3年であり，指定要件は認証社会的企業の7つの要件と異なり，次の4つの要件のみを備えていれば良い。①法律的に独立した組織形態を持っていること，②有給勤労者を（最低1人以上）雇用し，財貨・サービスの生産・販売等の営業活動を3ヶ月以上行うこと，③会計年度ごとに配分可能な利潤が生じた場合，利潤の3分の2以上を社会的目的のために使用すること，④脆弱階層に仕事の機会または社会サービスを提供し，地域住民の生活の質を高めるなどの社会的目的の実現を組織の主な目的とすることである。

社会的企業育成法は，認証要件によって，社会的企業の類型を次のように分類している。「雇用創出型社会的企業」，「社会サービス提供型社会的企業」，「地域社会貢献型社会的企業」，「混合型社会的企業」，そして，「その他型社会的企業」である。それぞれの認証要件は以下のとおりである。

まず，「雇用創出型社会的企業」は，脆弱階層に雇用機会を提供する類型であり，全体勤労者のうち，脆弱階層の雇用比率が50％（2016年12月31日までは30％）以上であることが条件である。

次に，「社会サービス提供型社会的企業」は，脆弱階層に社会サービスを提供することが主な目的であり，社会サービスを提供される脆弱階層の比率が50％（2016年12月31日までは30％）以上であることが認証要件となっている。

2010年以降，新たに追加された「地域社会貢献型社会的企業」は，地域の人的・物的資源を活用し，地域住民の所得および雇用機会を増やすことを目的とする社会的企業であり，地域の脆弱階層の雇用比率や社会サービスを提供する地域における脆弱階層の比率がそれぞれ20％以上であることが認証要件となっている。また，地域の貧困，疎外，犯罪などの社会問題を解決するための社会的企業も「地域社会貢献型社会的企業」として見なされ，組織の主な目的に該当する部分の収入または支出が組織の全体収入または支出の40％以上であることが認証要件となっている。さらに，地域社会に社会サービスまたは雇用機会

を提供し，または地域住民の生活の質を向上するなど，社会的目的を優先的に追求する組織に対してコンサルティング・マーケティング・資金などを支援する類型も「地域社会貢献社会的企業」の1つとみなされ，組織の主な目的に該当する部分の収入または支出が組織の全体収入または支出の40％以上であることが認証要件となっている。

　一方，上記の認証要件が混じり合っている類型は「混合型社会的企業」と言われており，脆弱階層の雇用比率と社会サービスを提供してもらう脆弱階層の比率がそれぞれ30％（2016年12月31日までは20％）以上であることが認証要件となっている。最後に，社会的目的の実現有無を上記の類型与件によって判断しにくい場合，政策審議会の審議を経て，雇用労働大臣が社会的目的の実現可能性を判断して認証する「その他の型の社会的企業」がある。

　このように，制度上では，社会的企業の多様な社会的有用性を期待していたものの，後述するように，多様な社会的企業を創出することができず，雇用創出型社会的企業の比重が圧倒的に高くなってしまう。その背景には，社会的企業をめぐる制度環境の特性による影響もあったであろうが，地域コミュニティに根をおろすことができなかった市民社会組織が多くなっている韓国の市民社会的な特徴に起因するものもあった。また，このようなマクロ的な要素以外にも，制度それ自体に内在する要因も存在する。たとえば，社会的企業の認証を行う際に，持続可能性と受益の創出可能性が重要な基準となっているが，社会的企業の類型によっては，雇用の特性のために受益創出とその持続可能性が異なっている。また，社会サービス提供型社会的企業や地域貢献型社会的企業は雇用創出型社会的企業よりも受益を創出するのが難しいと言われている。そこで，実際，現場の社会的起業家の多くは，社会的企業の営業環境は業種によって異なっているので，社会的企業の社会的目的の類型によって支援金や支援期間などの支援方法を変える必要があると指摘している[38]。

(2) 社会的企業に対する直接・間接支援制度

　社会的企業に対する政府の支援は，「雇用政策基本法」第28条，「国家財政法」，「補助金管理に関する法律」および「社会的企業育成法」の個別支援条項を根拠としており，雇用労働部が具体的に定めた事業別試行指針に沿って具体的な

支援が行われている。

　政府の支援政策の方向性とその内容は，社会的企業のハイブリッド化を促進するのかどうかに影響するからこそ重要な意味を持つ。たとえば，政府による過度な財政支援は多元的経済としての社会的企業の特性を弱体化させる要因の１つになりうる。また，政府の支援政策は，社会的企業がハイブリッド性を持っているがゆえに直面する営利組織や行政組織への「制度的同型化」の圧力の強さにも影響を及ぼすことになるからこそ，重要な意味を持つ。たとえば，市場での競争で生き残る社会的企業の経営能力のみに焦点を当てた政策は，多元的経済組織としての社会的企業が地域コミュニティや政府に埋め込まれている資源を動員して最適にミックスする力量を低下させる可能性がある。また，社会的企業がマルチ・ステークホルダー組織として，他の市民社会組織や社会的経済組織および社会的企業とネットワーキングし，それから成長動力を高めていく能力の衰退に影響を与える可能性もある。したがって，社会的企業に関する政府の支援政策を考察することは重要な意味を持つ。

　政府による支援策は，社会的企業の営業活動に求められる費用などを該当企業に直接支給するのか否かという基準によって「直接支援」と「間接支援」に区分することができる。それでは，2012年までの支援政策を中心に，まず直接支援制度について考察することにしよう。勤労者の人件費支援と関連しては，「社会的就労事業」に参加した社会的企業の勤労者に対しては，最大５年間，参加勤労者の人件費と社会保険料の一部を支援している。企業別に最大30名まで最低賃金レベルの人件費を，「予備社会的企業」には２年間，「認証社会的企業」には３年間，年度ごとに差をつけて支給している。たとえば，予備社会的企業の場合，１年目には100％，２年目には90％の人件費を支援し，認証社会的企業には１年目90％，２年目80％，３年目70％の人件費を支援することとなっている。

　人件費の支援は，多くの論者たちが指摘しているように，多くの市民社会組織や社会的経済組織が社会的企業の認証を受けたいもっとも強いインセンティブとなっている。ただ，ここで問題なのは，このような形態の支援政策が，社会的企業の持続可能性に対しては負の効果をもたらす可能性が高いという点で

ある。それにもかかわらず，社会的企業に関する政府の全体予算のうち，人件費が占める割合はあまりにも大きい。2007年度には97.1％，2009年度には85％，そして2012年度には70％へと減っているものの，他の支援費と比べれば，依然として高い割合を示している。このことから理解できるように，政府による人件費の支援策は多元的経済組織としての社会的企業の持続可能な発展において否定的な影響を及ぼしていると言えよう。

　次に，専門人材の人件費の支援についてであるが，社会的企業が経営力量を強化するために専門人材を新規で採用する場合，審査を経て，専門人材に対する人件費の一部を支援することになっている。たとえば，「予備社会的企業」の場合，企業ごとに1人に対して最大2年間の支援を，「認証社会的企業」に対しては企業当たり3人（有給勤労者数が50人未満である企業は2人まで）を限度として最大3年間人件費を支援する。

　事業開発費の支援については，社会的企業が持続的で安定的な受益構造の基盤を整備できるようにブランド（ロゴ），市場への進入および販路の開拓を行うための広報・マーケティング，製品の性能および品質の改善を行うための費用などを事業開発費として支援している。共同の商標やブランドを開発し，販路開拓などを行おうとする場合には，年間3億ウォンが上限で支援できるようになっている。

　さらに，社会保険料の支援については，「認証社会的企業」の自立基盤を整備するために事業主が負担する雇用保険料，産業災害補償保険料，健康保険料および国民年金保険料の一部を支援することができるようになっている。また税制支援については，「認証社会的企業」に対しては最初の所得が生じた課税年度以降の5年間，法人税または所得税の50％を減免することになっている。さらに，その他にも付加価値税を免除し，認証社会的企業に対する寄付金は指定寄付金として認めるなどの支援を行うことができる。なお，経営コンサルティングの支援については，社会的企業の経営力量を強化し，持続可能な自立経営の土台を形成できるよう，韓国社会的企業振興院で企業の需要に対応するオーダーメイド型の経営コンサルティングを支援している。

　最後に，施設資金の融資支援の場合，社会的企業の設立や経営に必要な敷地

資料2-5 社会的企業に関する支援制度

支援制度		支援内容
直接支援	人件費支援	社会的就労事業の参加人件費（最低賃金レベル）
	専門人材の人件費	専門人材の採用に必要な人件費（最大200万ウォン）
	事業開発費支援	技術開発等のための事業費（最大7000万ウォン）
	経営支援	経営・税務・労務・会計等の経営コンサルティング（330万ウォン～2000万ウォン）
	社会保険料支援	事業主負担の4代社会保険料の一部を支援（1人当たり9万1000ウォン）
	税制支援	法人税・所得税・取得税・免許税の50％を減免
		社会的企業に寄付する金額に指定寄付金の認定
	施設費支援	資金貸出（中小企業政策資金等）
		国・共有地の賃貸を支援
	母胎ファンド	雇用労働部および民間出資者によるファンド醸成（2012年，40億ウォン）
間接支援	公共購買制度	社会的企業の製品およびサービスの優先購買を勧告
	販路開拓	オンラインの商品紹介サイトおよび共同販売店の構築・運営

購入費，施設費などに必要な資金を「ミソ金融財団」などの支援を受ける福祉事業者と，中小企業庁の政策資金または「地域信用保証財団」を通じて貸し出しできるようにしている。福祉事業者を通じた資金の貸し出しには「実りの分け合い財団」，「民生経済政策研究所」，「一緒に働く財団」が参加している。その他に，母胎ファンド（「韓国ベンチャー投資」）の制度もある。雇用労働部が出資した母胎ファンドを通して，企業・財団など民間が出資者として参加する社会的企業の投資組合を結成し，社会的企業に投資支援を行うことになっている。

　企業活動に必要な資金の貸し出しは，多元的経済組織としての社会的企業が施設などの投資を通して自立できる重要な手段でもある。しかし，社会的企業に適合しない貸し出し条件と社会的企業に特化した貸し出し商品が用意されていないために，社会的企業の貸し出しの実績は大変低調である。たとえば，2012年の資金貸し出し実績をみると，ミソ金融財団による貸し出し件数は29件（26億ウォン）であり，中小企業庁政策資金は3件（8億ウォン）であり，合計32

件（34億ウォン）の支援があったのみであった。「中小企業法」第2条により，社会的企業を中小企業の範囲に含めて，創業企業支援資金，新成長基盤資金を活用できるようにしているものの，社会的企業は脆弱階層を勤労者として雇用し，脆弱階層に社会サービスを提供しているので，2011年基準で赤字企業が80％を超えるなど，一般中小企業と比べれば，受益創出能力と貸出金の償還能力が大変弱い。したがって，ソンウルチュン（손을춘）が指摘するように，営利活動を目的とする中小企業と同一の条件で貸し出し制度を利用するようにしている現政策は不合理であると言えよう。

　これまでは，社会的企業の市場での競争力を高めるための直接支援を見てきたが，ここからは社会的企業の持続可能性を左右する社会的企業の経済的環境を改善していくための政策制度である間接支援制度について考察することにしよう。まず，重要な制度の1つは公共機関の優先購入制度である。この制度は，社会的企業の販路開拓と自立力の向上のために，「社会的企業育成法」第12条によって，「認証社会的企業」の製品（財貨およびサービス）を公共機関に優先的に購入させようとする制度である。たとえば，公共機関のリーダーは，社会的企業製品の該当年度の購入計画，前年度の購入実績，総購入額における社会的企業製品の購入額の比率などを毎年2月末まで雇用労働大臣に報告し，雇用労働大臣は公共機関別の購入計画や購入実績を総合して，毎年4月30日までにホームページで公告することとされている。

　次に，政府による販路開拓の支援は，社会的企業の自立力を高める上で重要な要件の1つである。社会的企業の製品の実質的な販売を支援するためにオンラインでの商品紹介ページを構築・運営し，また共同販売店を設け，さらにオンラインとオフラインで販路開拓および広報などの業務を中間支援組織である「韓国社会的振興院」が遂行することになっている。しかし，社会的企業育成法には販路支援に関する根拠がなく，政府の支援も他の支援策と比べて少ない実情がある。ソンのアンケート調査によれば，社会的企業を運営する際にもっとも大きな困難が何かという問いに対し，人件費などの運営資金の不足（29.6％）に次ぐものは販路開拓の難しさ（18.4％）であった。民法上の法人（22％），非営利民間団体（11％），社会福祉法人（10％）など多くの社会的企業は非営利組

織として営業活動を行っており，したがって販路支援は多くの社会的企業にとって切実な支援策であるともいえる。

これまでの第1期の支援政策（2007年～2012年）についての考察から，韓国の社会的企業支援策の基本的方向性は，社会的企業が市場メカニズムを通して自立し持続可能性を高めていこうという方向で設計されていた政策であったと言えよう。しかし「第2次基本計画」で指摘されているように，多くの専門家から，個別の社会的企業に対する人件費支援方式が限界に達していると言われている。政府は，徐々に，直接支援制度の要である人件費の支援比率を低くし，一方で経営，販路開拓，金融支援などの間接支援を拡大している。しかし，人件費の比重は依然と高い方である。

多元的経済としての社会的企業の持続可能性を高めていく上で，公共市場は大変重要な意味を持つ。たとえば，公共機関による社会的企業のサービスや製品の優先購入はとりわけ重要である。しかし，ソンのアンケート調査によれば[42]，公共機関の購入に対する社会的企業の要求水準はもっとも高いものの，その政策に対する社会的企業の満足度はもっとも低い。また，同様にソンの調査結果によれば，社会的企業の持続可能な成長のためにもっとも必要な政府の政策が何かという設問については，公共機関の優先購入は23.7％でもっとも高く期待されている。しかし，政府の支援政策の中でもっとも役に立っている政策が何かという質問に対しては，公共機関の優先購入は，人件費（42.7％），事業開発費（22.1％），専門的な人材の採用支援（13.7％）よりもかなり低い6.7％にすぎない。一方，もっとも改善が必要な政府政策が何かという質問に対しては，公共機関の優先購入制度（17.9％）がもっとも高かった。

「社会的企業育成法」第12条は，公共機関のリーダーが社会的企業の製品を優先して購入することを義務として規定しているが，購入目標比率制や入札条件および購入制約用件の緩和などの制度が用意されておらず，その実効性は大変低い状態である。たとえば，2012年度の場合，社会的企業の製品の購入実績をみると，1916億ウォンであり，公共機関の合計購入額の0.18％にすぎない。この中で91ヶ所の公共機関は購入実績がまったくなく，66ヶ所の機関は購入額が500万ウォン以下である。公共機関のリーダーが社会的企業に対する理解と

認識が不足していることも購入実績が低い理由の1つとなっていよう[43]。

　これまでの考察から，韓国の社会的企業に関する支援制度は，基本的に社会的企業の企業家的側面を高めることで社会的企業の市場における競争力を強化する方向で設計されていることがわかる。これに対して，社会的企業における公共経済的側面は支援制度に含まれてはいるが，実効性を持ったものになっているとは言いにくい。第3章で考察するように，地域コミュニティからソーシャル・キャピタルなどの資源を動員する力が弱いと言われている韓国の社会的企業にとって，政府による公共経済は資源の重要な源泉であると言える。このような意味において，中央政府と地方自治体などの公共機関の実効性の高い優先購入政策は，社会的企業の多元的経済化を促す重要な制度的資本であると言えよう。

(3) 認証社会的企業の現状と課題

　認証社会的企業は，2014年9月現在，1165社であり，予備社会的企業までを含めると2631社の社会的企業がある（**資料2-6**）。雇用者の数は，2万6229人である（**資料2-3**）。欧州と比べれば，社会的企業数も雇用者数も非常に少ないが，7年間の期間からすれば，量的な成長の速度は極めて早かったと言える。この点がまさに，社会的企業に関する政策関係者や研究者の期待が高まった大きな理由の1つであろう。

　社会的企業の成長の動力の1つは市民社会である。そこで，設立経路別の社会的企業の現況を考察してみた。**資料2-7**を見ると，「社会的就労事業団」から成長した社会的企業の割合64.1%がもっとも大きな割合を占めていることがわかる。次に，「自活企業」が12.1%，「障害者職業再活関連施設」が11.0%と続く。この傾向から，韓国の社会的企業は，既存の雇用や福祉および社会サービスの供給と関連する

資料2-6　社会的企業の量的拡大

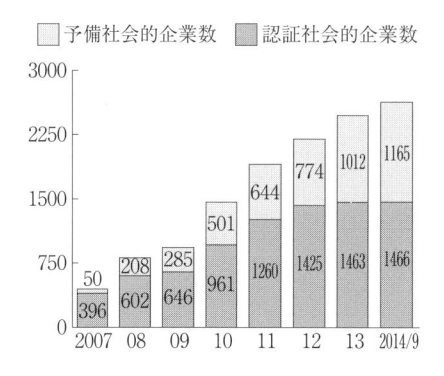

年	予備社会的企業数	認証社会的企業数
2007	50	396
08	208	602
09	285	646
10	501	961
11	644	1260
12	774	1425
13	1012	1463
2014/9	1165	1466

政府と市民社会との協働の影響を強く受けていたことがわかる。社会的就労事業団や自活企業の事業は市民社会組織による委託事業として行われていたので、これらの社会的経済組織が社会的企業の潜在組織となっていたのである。

資料2-7　設立経路別の現況[44]

合計 (割合)	社会的就労	自活企業	障害者職業再活 関連施設	協同組合	その他
680	436 (64.1%)	82 (12.1%)	75 (11.0%)	13 (1.9%)	74 (10.9%)

一方、イタリアなどの欧州とは違って、韓国においては、協同組合を基盤とする社会的企業の割合は1.9%にすぎず、協同組合型の新社会的経済組織が社会的企業の主な成長部門となっていないことが確認できる。2012年から施行された協同組合基本法は、量的に急成長中であるものの、そのような成長が社会的企業の新しい成長動力としてどれほどの効果を持つかは、今後の観察ポイントになるであろう。この点に関しては、次節で詳細に考察することにしたい。

ハイブリッド組織としての社会的企業の強みの1つは、地域コミュニティに埋め込まれているソーシャル・キャピタルの活用可能性にあるにもかかわらず、その活用程度は非常に低い。たとえば、社会的企業におけるボランティアの有無に関する「調査報告書」によれば、社会的企業のなかでボランティアの活動がないと回答した割合は64.2%にものぼる。また、雇用労働部の「社会的企業実態調査研究報告書」[45]（以下、「調査報告書」とする）によれば、韓国の社会的企業は全般的に社会的企業の外部組織とのネットワーキングしている比率が低い水準にとどまっている。また、ネットワーキングの比率を地域単位別に見ると、全国単位の組織や機関よりも地域単位の組織や機関の関係が密接になっていた。しかし、全体的に、他の社会的企業や地域市民社会組織や支援組織とのネットワークに対する満足度も決して高くない。そのようなネットワークが、社会的企業間の共同マーケティングや広報、市場分析あるいは販路開拓において効果をあげるほど、活かされていないからである。そこで、たとえばソウル市では、2012年から、地域内の社会的企業同士のネットワークだけでなく、他の社会的経済組織や業種別のネットワークに基づく共同事業の機会を提供する

ことで，ソーシャル・キャピタルの経済的有用性を高めるための「社会的経済エコシステム政策」を推進している。

資料2-8　社会的企業の類型別の組織数とその割合[46]

区分	雇用創出型	社会サービス提供型	地域社会貢献型	混合型	その他
組織数	659	60	11	149	133
割合	65%	6 %	1 %	15%	13%

　欧州における社会的企業は，多くの論者たちが合意しているように，雇用や福祉および社会的サービスの政策からの影響を受けて成長していたと言われている。特に，脆弱階層の就労を支援する労働統合型社会的企業は，欧州の多くの地域において主な社会的企業の類型である。このような傾向は韓国の社会的企業においても同様である（**資料2-8**）。**資料2-8**によれば，韓国における社会的企業の類型は，雇用創出型社会的企業が全体の65％に当たる659社であるものの，社会サービス提供型の割合は6 ％，地域社会貢献型の割合は1 ％にすぎない。さらに，混合型（15％）やその他の型（13％）の大部分が雇用提供を第1の目的としていると言われているので，韓国における認証社会的企業は雇用創出が中心となって運営されていることがわかる。要するに，雇用創出や提供を目的とする労働統合型社会的企業の割合が韓国の社会的企業を代表していると言えよう。これに対し，脆弱階層に対する社会サービスの提供を社会的企業の主な目的としている社会的企業の割合は大変少ない。イタリアの場合，2005年現在，脆弱階層に対する雇用創出型社会的企業（Bタイプ）は33％である反面，社会サービス提供型社会的企業（Aタイプ）は60％に達しているが[47]，韓国のそれは6 ％にすぎない。

　一方，上記の**資料2-8**において，「その他」と分離されている社会的企業は，社会的目的の特徴を雇用比率と社会サービス比率で判断するのが困難な社会的企業をさす。たとえば，フェアトレードを追求したり，革新的な文化コンテンツを創り上げて文化サービスを提供するような社会的企業などがそれである。最近，青年などが中心となるソーシャルベンチャーが活性化したことに影響を

受け，社会的企業の類型に「イノベーション型社会的企業」を含めるべきであるという意見も提唱されている。たとえば，韓国の政府関係部署合同による『第2次社会的企業育成基本計画（2013～2017）』（2012年）（以下，「第2次基本計画（2013～2017）」とする」）によれば，2010年から，社会的企業の活動領域を拡大するために地域社会貢献型社会的企業の類型を設けたものの，前述したように，その成果は非常に低い。政府は，その理由の1つとして，社会的企業の「社会的目的」の範囲が極めて狭いことを問題視している。というのは，政府の社会的企業の類型に沿った既存の基準では判断しにくい多様なサービス需要が増えており，それに応じて，オルタナティブ学校，ローカルフード，資源の再活用などの分野において社会的目的の社会的企業が生じているものの，それに対応できない制度を問題にしたのである。そこで，政府も社会的企業の社会的目的を広げることを検討することにしているが，それに先立って動いているのが地方自治体である。たとえば，ソウル市では，社会的問題の革新的な解決を主な目的とする社会的企業を「革新型社会的企業」と呼び，予備社会的企業の1つとして奨励する政策を施行している。また，第4章で考察することになるが，都市再生政策においても，住居福祉と関連する社会的企業が先導する事業プログラムを積極的に取り入れている。

　それでは，韓国における社会的企業の雇用効果や労働統合を通した社会的包摂効果はどうであろうか。そのために，社会的企業に雇用されている脆弱階層の類型を考察することにしよう。「調査報告書」によれば，社会的企業に採用されている勤労者数は2万2533人であり，このうち，一般勤労者は8872人（39.4％），脆弱階層の勤労者数は1万3661人（60.6％）である。また，脆弱階層の勤労者を細分化してみると，55歳以上の高齢者が6121人（27％）であり，障害者3662人（16％），低所得者2429人（11％），その他1449人（7％）の順となっている。その他には，性売買被害者，経歴断絶女性，北朝鮮からの離脱住民，家庭暴力被害者などが含まれる。このような結果から，政府による人件費と社会保険料の支援は社会的企業による社会的弱者の雇用効果に一定の成果を上げていると言えよう。

　しかしながら，現在の社会的企業の育成政策は，脆弱階層の範囲を広く定義

資料2-9　社会的企業の雇用者のタイプ

区分	一般勤労者	高齢者	障害者	低所得者	その他	合計
人数	8,872	6,121	3,662	2,429	1,499	22,533
割合	39%	27%	16%	11%	7%	100%

しており，さらに脆弱階層の中でも生産性の高い労働力を持っている脆弱階層とそうでない脆弱階層を雇用している社会的企業に対する支援内容が同一である。財政支援の効果を上げるためには，脆弱階層の対象を細分化して，脆弱階層のそれぞれの類型に特化した支援政策を行うことが必要であろう。たとえば，労働統合型WISEも，イタリアのAタイプあるいはBタイプ社会的協同組合のように，細分化することが必要であるという主張がなされている[48]。たとえば，重症の障害者，薬物中毒者，ホームレス，北朝鮮からの離脱住民などを雇用する社会的企業は，イタリアの「Bタイプ社会的協同組合」に近い類型であるので，そのような社会的企業に対して他の社会的企業とは異なった支援が必要であるという主張である。

　社会的企業の生存率は一般企業と比べて良好である。ソンの調査[49]によれば，2007年から2013年まで認証された社会的企業のうち，93.7％が事業を継続している。しかし，大多数の専門家や当事者たちが認めているように，社会的企業の事業体としての力量は高くない。社会的企業の年間売上額は平均8億2600万ウォンであり，平均の有給勤労者数は23.3人である。これから推論すれば，勤労者1人当たりの生産能力は高くないと言える。また，「調査報告書」(2012年)によれば，2011年現在，社会的企業の全体の営業利益はマイナス状態であると報告されている。しかし，それにもかかわらず，社会的企業が生存しているのは政府の人件費支援の影響が大きい。

　ソン[50]によれば，社会的企業は臨時的に支援される政府の人件費に依存しすぎることで，政府の人件費支援が終了した後に自立力が低下し，過度な人員削減などを引き起こす「財政絶壁効果」が現れている。たとえば，2007年以降の企業の雇用人員数をみると，2007年に49.8人であった勤労者数が2013年には22.3人となっている。社会的企業自らの一般勤労者の雇用人数は2009年以降，平均

16人から17人の水準であまり変動がないにもかかわらず，政府の人件費支援が終了した2008年には22.6人となり，2012年には6.8人と減っている。実際，ソンの調査結果によれば，人件費の支援が中断された場合，58.6％の社会的企業が廃業，一般企業への転換，人員削減を行う予定であり，19.5％は脆弱階層の勤労者を一般勤労者へと交替したいと回答している[51]。

資料2-10　社会的企業の法人格

区分	商法上会社	民法上法人	非営利民間団体	社会福祉法人	営農組合法人	生活協同組合	社会的協同組合
組織数	532	218	109	99	32	21	1
割合	53％	21％	11％	10％	3％	2％	0％

　社会的企業のマルチ・ステークホルダー所有構造や民主的な意思決定という組織形態は，社会的企業が自らの社会性を担保できる重要な要因の1つである。社会的企業の組織形態をみると，全体の53％に該当する532社が商法上の会社であり，21％は民法上の法人で，11％は非営利民間団体である（資料2-10）。次に，社会福祉法人が10％，営農組合法人が3％，生活協同組合が2％，社会的協同組合1％の順となっている。ここで，ハイブリッド組織としての社会的企業という観点からすれば，商法上の会社が多い理由について疑問を持つであろう。当然のことながら，商法上の会社が社会的企業のハイブリッド性を促進し，その可能性を最大化するための望ましい組織形態であるとは考えられないからである。

　それでは，なぜ社会的企業の半分以上が商法上の会社であるのだろうか。この問題と関連して，カクソンハ（곽선희）は，次のように語っている[52]。すなわち，商法上の会社が多い理由は，営利目的で設立された機関が認証社会的企業になったのではなく，自活企業が社会的企業の認証を受けたいと思った時に自らの組織に適合した法人格を見つけることができなかったので，法人格を取りやすい商法上の会社を選択した場合が多かったということである。社会的企業として認証を受けるためには法人格が必要であるが，たとえば自活企業の場合，資本が少ない組織なので，出資金や人的構成などが要求される民法上の法人格

の条件を整えることは難しく，それがゆえに出資金の要件が低い株式会社の形態を取る場合が多かったのである。後述することになるが，自活企業と同様に，上記の理由によって商法上の会社となっている社会的企業の場合，協同組合基本法の存在により，今後は社会的協同組合の法人格を所得しようとする社会的企業の動きが活発になることが予想される。

資料2-11 社会的企業の活動分野

	文化	環境	社会福祉	看護・家事	教育	保育	保健	森林保全	その他
数	161	160	103	71	67	21	11	1	417
割合	16%	16%	10%	7%	7%	2%	1%	0%	41%

社会的企業のサービス提供または営業活動の分野別に見ると（資料2-11），文化161社，環境160社，社会福祉103社，看護・家事71社，教育67社，保育21社，保健11社，森林保全1社の順で，社会的企業の活動分野が拡散していることがわかる。ここで注目すべきところは，その他の類型と環境や森林保全分野の業種を除けば，対人サービス分野の社会的企業の比重が比較的高いという点である。「その他」の類型は主に製造業と上述した類型基準で分類されない社会的企業が当てはまる。特に，製造業の類型は，障害者職業再活施設で成長した社会的企業が多く，菓子，パンなどを製造していることが多い。しかし，全体の約41％に該当する417社は「その他」に分類されており，今後は社会的企業の活動分野の類型をより細分化することが必要であると考えられる。以上の分析から，韓国の社会的企業の活動分野を要約すれば，対人サービス部門，環境関連部門，そして単純な製造業部門などで事業活動を行っている社会的企業が多いと言えよう。今後，「その他」の類型を含めた，より詳細な分析が必要であるものの，資料2-11からわかるように，韓国の社会的企業の事業分野はそれほど多様化しているとは言えないであろう。

次は，地域別の認証状況を考察することにしたい。ここで1つ考えられる仮説は，社会的企業が都市部を中心に拡散する可能性が高いということである。これは，韓国における社会的経済組織に関する制度環境から推論できる。というのは，雇用労働部が所管する社会的企業の可能性に対する評価と期待が高ま

るにつれて，農林水産食品部や安全行政部が，農漁村共同体会社やマウル企業のように，農漁村などの地方に親和力をもつ社会的経済組織の支援制度を整備しているがゆえに，地方では社会的企業として認証されるインセンティブが低くなったからである。

資料2-12　地域別の認証状況

区分	ソウル	釜山	仁川	大邱	光州	大田	蔚山	京畿	江原	忠南	忠北	全南	全北	慶南	慶北	済州	世宗
企業数	212	61	55	44	46	28	33	170	47	38	46	41	64	42	58	24	3
割合	20.9	6.0	5.4	4.3	4.5	2.8	3.3	16.8	4.6	3.8	4.5	4.1	6.3	4.2	5.7	2.4	0.3

資料2-12を見ると，地域別には，ソウル市が212社で最も多く，全国で20%程度の割合を占めている。次に，京畿道では170社（16.8%）の認証社会的企業が活動しており，次いで全羅北道では64社（6.3%）の認証社会的企業が活動している。首都圏であるソウル市，京畿道，仁川を合わせると，40%以上の認証社会的企業が存在しており，これから大都市圏に社会的企業の活動が集中していることがわかる。このような様相は，前述したように，社会的企業の制度環境の要因以外にも，首都圏において社会問題に対する需要が多く，同時に供給側面おいて雇用，福祉などと関連する市民社会的基盤が他の地域よりも豊富だからであろう。

Ⅳ　協同組合基本法と社会的協同組合の可能性

1　協同組合基本法の背景と特徴

ここでは，社会的経済組織の重要な組織的形態である協同組合，そして協同組合基本法の施行でもたらされた社会的経済組織の制度的環境の変化について分析する。社会的企業育成法の制定により，消費者生活協同組合は社会的企業として認証されうる組織形態の1つとなったものの，労働者協同組合や共同育児協同組合など他の類型の協同組合の設立にはその法的根拠がなく，「認証社会的企業」を設立しようとする主体が協同組合的な組織形態を選択できないと

いう限界があった。しかし，2011年12月末に協同組合基本法が制定され，2012年12月1日から施行されたことで，「基本法協同組合」と「社会的協同組合」が社会的経済組織の重要な組織形態の1つとして登場できるようになったのである。

　国会企画財政委員長による協同組合基本法の提案の経緯およびその提案理由によれば，この法案が議論されるようになった契機は，2008年の世界金融危機であった。それ以降，協同組合が新たな経済主体かつ対案的な経済モデルとして注目されたのである。というのは，「協同組合が利用者による所有企業として，短期的な利潤の追求よりも長期的な利益に関心を置くことによって安定した経営が可能となり，人的資源を中心に運営されるため，職場の拡充や雇用安定に寄与できるという点に基づくものである」と考えられたからである。また，社会の両極化や貧富の格差など社会の葛藤要因を治癒する共生発展を目指す包括的かつ新たな市場経済の発展を模索する必要に迫られるなか，協同組合は資本主義経済の弱点を補完する潜在力と発展の可能性，あるいは，新たな経済成長の原動力として考えられていたのである。

　協同組合基本法は，これまで，8本の特別法によって制限的に発展してきた協同組合の歴史で新しい転機をもたらした。協同組合を基盤とする社会的経済組織の多様性と，社会的経済組織による経済活動分野の拡散に貢献できることが期待されている。2012年以前の韓国社会においては，産業政策上の必要から，農業協同組合法（1957年），山林組合法（1980年），中小企業協同組合法（1961年），水産業協同組合法（1962年），たばこ生産協同組合（1963年），信用協同組合法（1972年），セマウル金庫法（1982年），および，消費者協同組合法（1999年）が制定されていた。しかし，特別法が制定されていない分野では，法的根拠がないため，法的に認可された協同組合の設立が不可能であったが，協同組合基本法により，金融および保険以外のすべての分野で協同組合が自由に設立できるようになったのである（以下，本法によって設立される協同組合に対しては，特別法によって設立された協同組合と区別するために「基本法協同組合」とする）。

　協同組合基本法は，次のような3つの特徴を有している[53]。第1に，協同組合の設立分野を大幅に広げることになり，金融および保険業以外すべての業種で

協同組合が設立できるようになった（第2条および第4条）。第2に，協同組合の設立基準が大きく緩和されたことである。従来の特別法では，協同組合設立のための基準が厳しく，小規模の協同組合は事実上設立が難しかったが，5名さえ集まれば協同組合の設立ができるようになり(協同組合基本法第15条第1項)，非営利法人と同様に，主務官庁の認可は道知事・広域市長・特別区長に届出さえすれば協同組合が設立できるようになった。上記2つの制度的な影響は政策関係者の予想よりも大きかった。実際，協同組合基本法の施行から2年あまりの期間に5000団体も超える協同組合が設立されたのである。2014年現在，基本法協同組合の数は5601団体あり，社会的協同組合の数は185団体にもなっている。また，協同組合の活動分野も，これまでの社会的経済組織や社会的企業と比べれば，画期的に拡散することとなった。たとえば，自活企業の助け合い事業など，低所得脆弱階層が取り組むことができる事業が協同組合方式を通して事業活動を行うようになっただけでなく，零細商工業者などが自ら競争力を強化するため，協同組合を設立するような事例が多く見受けられる。また，家庭教師やタクシードライバーなど，特殊雇用色の強い労働者も協同組合を結成でき，第4章の事例研究でも見られるように，地域開発のために住民たちが協同組合を設立し，地域単位の社会安全網を自ら構築することも見受けられる。この他にも保健医療，共同育児，文化芸術など，社会的な目的の実現をねらう多様な利害関係者たちが協同組合を組織してきている。このことは，協同組合型の社会的経済組織に期待されている社会的有用性が，既存の自活企業や社会的企業の対象であった脆弱階層に限定されるのではなく，非常に広範囲に及んでいることを物語っていると言える。[54]

　第3の特徴は，「社会的協同組合」を設立できるようになった点である。特別法の協同組合や基本法協同組合とは異なり，脆弱階層に対する社会サービスまたは仕事の提供，地域社会への貢献活動を遂行することによって 政府の福祉機能を補完し，雇用創出などの経済全般において新たな活力を吹きこむ土台を構築すべく，社会的協同組合を別途，導入することができるようになったのである。社会的協同組合は，たとえば，営利を目的としない社会的経済組織として見なされ，非営利法人として，税制優遇に代表されるさまざまな支援を受

けることができるようになる。また，他の協同組合とは違って，社会的協同組合の組織構造においては，マルチ・ステークホルダー組織としての特性が強化されることとなる。国会企画財政委員長による協同組合基本法の提案理由によれば，社会的協同組合は，それまで「自活運動・介護労働などにおいて公益的な役割を担い，協同組合を目指す約4000の団体に対して法人格を付与し，協同組合活動を体系化・活性化する土台となるもの」として期待されていたのである。

協同組合基本法のその他の特徴は，この法律によって設立できるようになった協同組合や社会的協同組合が主導するような形で，協同組合型の社会的経済エコシステムが形成できるようになったことである。すなわち，協同組合基本法によれば，協同組合および社会的協同組合などは，協同組合間，外国の協同組合および関連国際機構などとの相互協力，理解の増進，共同事業などのために努力をすることになっている（第8条第1項）。このため，他の協同組合，根拠法の異なる協同組合との間でも協議会を構成・運営することができるようになったのである（第8条第2項）。

2　社会的協同組合と社会的企業との関係性

それでは，EMESネットワークによる社会的経済組織の規範的原理という観点からすれば，協同組合基本法による社会的協同組合と社会的企業育成法による社会的企業にはどのような違いがあり，この両者の関係はどのように捉えられるだろうか。ここでは，雇用労働部の「調査報告書」の内容を中心に，社会的経済組織の組織形態に対する協同組合基本法の影響を考察することにしたい。つまり，協同組合基本法の制定が社会的企業の拡散や社会的経済エコシステムの形成にどのような効果をもたらしうるのかを簡潔に検討する。

その考察に先立ち，まず協同組合と社会的協同組合の定義がどのようにされているかを確認しよう。協同組合基本法によれば，協同組合とは「財貨またはサービス購入・生産・販売・提供等を協同で行うことによって組合員の権益を向上させ，地域社会に貢献しようとする事業組織」（協同組合基本法第2条第1号）のことを言う。また，社会的協同組合とは，「協同組合のうち，地域住民の権益・福利の増進に関する事業を遂行したり，脆弱階層に対し社会サービスまたは仕

事を提供したりするなど,営利を目的としない協同組合」(協同組合基本法第2条第3号)のことを言う。

それでは,まず,社会的企業育成法の社会的企業と協同組合基本法の社会的協同組合の共通点と相違点を考察することにしよう。**資料2-13**は,社会的経済組織の規範的原理という観点から,この2つの事業体を比較したものである。

資料2-13 社会的企業と社会的協同組合の比較[55]

社会的経済の規範的原理	社会的企業の要件	社会的協同組合の要件
社会的目的指向性	雇用創出,社会サービスの提供など社会的目的を指向	雇用創出,社会サービスの提供など社会的目的を指向
政府に対する自律性	独立的組織(商法上の会社,非営利組織などの法人格を持つ組織)	独立的な協同組合法人
資本所有に従属されない,人中心の所有とガバナンス体制	資本中心の株式会社も包含	1人1票制の人中心の原理を具現
利潤配分の制限	商法上の会社の場合,利潤配分を3分の1以下に制限	利潤配分を禁止

資料2-13からわかるように,上記の2つの組織は,社会的経済組織としての規範的原理を具現している組織であると言えよう。しかし,社会的経済組織の所有構造とガバナンス体制においては違いが存在していることがわかる。まず第1に,社会的企業育成法では,人より資本を優先する組織形態である商法上の株式会社も社会的企業として認証できるようになっている。もちろん,そのような限界を補完するために,社会的企業の法人格が商法上の会社である場合,利潤の3分の2を社会的目的のために使用することとされている。これに対し,協同組合基本法では,社会的協同組合の場合,利潤配分自体を禁止し,積み立てまたは社会的目的の実現に使用するよう規定している。[56] 第2に,社会的協同組合は,1人1票制度により意思決定の原理に基づいているため,認証社会的企業と比べて,資本よりも人を優先する組織志向を強めている社会的経済組織であると言える。さらに,第3に,組織のガバナンス体系と関連して,社会的企業育成法では定款や規約においてサービスの受け手,勤労者,後援企業あるいは後援者などが意思決定過程に参加するという点を認証要件の1つで

あると規定している。これに対して、協同組合基本法では、企画財政部長官の行政指導事項の1つである標準定款において、生産者組合員、消費者組合員、職員組合員、ボランティア組合員、後援者組合員のうち、2人以上の組合員で構成するよう規定している。[57]要するに、組織の支配構造により多様な利害関係者が参加できることを奨励している。

　これまでの考察から、社会的協同組合は、ハイブリッド組織としての社会的企業の特性により近い社会的経済組織であると言えよう。それでは、現在、社会的企業で活動しているリーダーたちは、社会的協同組合についてどのように認識しているだろうか。この問いについては、雇用労働部の「調査報告書」では、550人の社会的企業のリーダーに対して、社会的協同組合についての態度を尋ねているので、その結果を用いて考察することにしよう。この調査によれば、今後、組織形態を転換しようとする141社の社会的企業のうち、103社の社会的企業が協同組合へと転換する意思があることを示している。さらに、協同組合へと転換する意志がある社会的企業のうち、社会的協同組合へと転換する意思がある企業が86.1％であった。一方、協同組合へと転換する意思のある社会的企業の法人格をみると、株式会社の組織形態をしている社会的企業が52％であり、特定の公益法人に属している事業団が20.6％を占めていた。また、このような社会的企業の母体を調べてみると、自活企業（26.9％）や雇用労働部の社会的就労事業団（14.9％）、これらの事業に参加していた非営利組織の事業団（36.5％）が大部分であることがわかった。

　この結果は、社会的企業の組織形態として協同組合に対する社会的要求が存在していたにもかかわらず、社会的企業の組織形態の多様性に対する法的な根拠の不備によって現在の組織形態とその活動内容の乖離が起きていたことを意味するものであろう。つまり、当初から、協同組合の原理に基づいた組織構造や活動目的を持っていたにもかかわらず、このような特徴を具現化できる法的根拠がなかったために、次善の策として他の法的組織形態を選択し出発している社会的企業が多かったということである。特に、上記の「調査報告書」で興味深いのは、地域住民の雇用創出や所得向上を社会的目的とする社会的企業は協同組合方式を強く望んでいたことである。[58]このことは、社会的企業のリーダー

の多くが，協同組合という組織原理が地域社会に根ざした活動を行っていく上で有利であるという認識を持っていたことを示唆するものであろう。

それでは，社会的起業家たちは，社会的協同組合のメリットをどのように認識しているだろうか。上記の「調査報告書」によれば，社会的協同組合のメリットとして，利害関係者が組合員として参加することで組織を民主的に運営するための組織として適合しているという点（50％）を第1に挙げている。次に，職員組合員になることで主体的な意識が高くなること（32.7％）を第2に挙げている[59]。

協同組合基本法は，既存の社会的企業の活動内容と組織形態に乖離を体験していた社会的企業の質的改善に寄与すると予想される。本書の観点からすれば，協同組合基本法は，社会的企業のハイブリッド化を促進する役割を果たすことになるであろう。また，社会的企業にとっては，この法律によって，組織形態の選択の幅が広がったことで，社会的協同組合の組織形態によって設立される道が開かれたことになる。したがって，今後は，既存の社会的企業が社会的協同組合へと転換する動きだけでなく，社会的協同組合の組織形態で設立される社会的企業が増えていくことが予想される。とりわけ，地域社会貢献型の社会的企業が社会的協同組合へと転換する意思が比較的に高かったことから推察するならば[60]，今後は，マウル共同体企業，ローカルフード事業を通じた消費者および生産者が共同で組合員として加入する混合型協同組合，エネルギーおよび環境分野などで社会的協同組合の組織形態が増加すると予想される。

V 制度環境と社会的企業のハイブリッド化

これまで，韓国の社会的企業と社会的経済組織をめぐる制度環境の特徴と課題について考察してきた。ここでは，社会的企業と社会的経済組織を包括する「社会的経済エコシステム」という観点から，社会的企業および社会的経済組織の特徴を概観することにしたい。

韓国の社会的経済エコシステムにおける第1の大きな特徴は，旧社会的経済組織と新社会的経済組織の間の断絶度が大きく，それがゆえに社会的企業が先

導する社会的経済の歴史が浅く，その土台も低いということであろう。第2の特徴は，社会的企業の市民社会組織や地域市民社会組織との連帯関係が強く，それが社会的企業の重要な駆動力の1つになっていたことである。1987年以降，急増したアドボカシー型の市民社会組織や，地域で生活様式の民主化を図るために市民運動を行っていた地域市民社会組織との連帯関係は，社会的企業が中央政府や地方自治体に対するアドボカシー活動を通した問題解決を行う上で重要な基盤となっていたと言える。

　韓国の社会的経済エコシステムの第3の特徴は，社会的企業育成法によって設立された社会的企業が主導するような形で，結果的に社会的経済エコシステムの多様性を増大させていたことである。それは，第3章で詳細に後述するが，社会的企業の雇用効果と社会的統合効果や地域社会での社会的有用性が立証されたことで，中央政府の各部署が競争的に社会的企業と類似した社会的経済組織を形成し支援する政策に積極的であったためである。しかし，それは韓国政府が社会的企業のハイブリッド化を促進し，それがもたらす可能性を最大化するための政策支援を行ったということを意味しない。これが，第4の特徴である。すなわち，2012年までの韓国の社会的企業に関する支援政策が社会的企業のハイブリッド化を発展させるための制度環境づくりに積極的であったとは言えない。というのは，韓国の社会的企業の支援政策は，間接支援よりも直接支援を通して，社会的企業が市場での競争で生き残る自立力を過度に強調していたからである。言い換えれば，韓国の社会的企業の支援政策は，社会的企業が地域コミュニティに根ざして，地域社会に埋め込まれているソーシャル・キャピタルを掘り起こし，ボランティアや寄付などの資源を動員することによって自らの持続可能性を高めていく活動に対するインセンティブを提供しようとしなかったのである。また，韓国の社会的企業に関する支援政策は，多元的経済組織としての社会的企業が公共市場から資金を効果的に調達できるようにすることについても，積極的な支援政策を行っていたとは言えない。要するに，市場からの収入，公的資金，ソーシャル・キャピタルなどの資源を最適にミックスさせることによって組織としての持続可能性を確保するという意味での社会的企業のハイブリッド化を推進するような制度環境が用意されていたとは考え

られないのである。

　しかしながら，2012年以降のソウル市における社会的企業の制度環境は，全国レベルでのそれとは大きく異なっている。2012年以降のソウル市の社会的企業の多くは，第3章および第4章で後述することになるが，社会的企業の市場での競争力を高めようとする中央政府の直接支援政策だけでなく，地域社会での社会的有用性を示すことでソーシャル・キャピタルの動員能力を高めようとするソウル市や自治区の間接支援政策（「社会的経済エコシステム政策」）による支援を受けることになっていたからである。つまり，ソウル市の社会的企業の多くはバランスのとれた制度環境に恵まれていたと言える。

　中央政府と地方自治体の役割分担による社会的企業のハイブリッド化過程は，2012年の協同組合基本法の施行によってさらに拍車がかけられることになる。それは，組織構造のハイブリッド性をもっともよく具現している社会的協同組合が形成できるようになっているからである。社会的企業のハイブリッド性が社会的企業の社会的有用性を担保できる重要な要素の1つであるならば，韓国社会における今後の社会的経済エコシステムは「社会的企業」と「社会的協同組合」が中心となるような形で育成されていくべきであろう。

　現在，「社会的経済基本法」をめぐる議論が国会を中心に行われているほど，韓国の社会的企業に関する政策の発展スピードは著しく早くなっている。次章では，このような制度環境がどのような歴史的文脈によって影響を受けていたのかを，制度と組織（政府と市民社会組織）との相互作用を中心に考察することにする。

1） ノデミョン（노대명）他『社会的就労の活性化および社会的企業の発展方案についての研究』韓国保健社会研究院，2005年。
2） 雇用労働部『社会的就労創出事業の拡充方案』就労創出委員会会議資料，2004年3月26日。
3） 経済産業省ソーシャルビジネス研究会『ソーシャルビジネス研究会報告書』2008年。日本の社会的企業に関する言説において影響力の強い谷本寛治グループも同様の意見を示している。谷本寛治（編著）『ソーシャル・エンタープライズ──社会的企業の台頭──』中央経済社，2006年，4‐5頁。
4） Masanari Sakurai and Satoru Hashimoto, "Exploring the distinctive feature of social

enterprise in Japan", Second EMES International Conference on Social Enterprise, July 1-4, 2009, p. 7.
5) Jacques Defourny, Marthe Nyssens, "The EMES Approach of Social Enterprise in a Comparative Perspective", EMES European Research Network 2012, WP no. 12/03, pp. 5-8.
6) シンキョンヒ（신경희）『ソウル市社会的経済事業体の連携発展方策』ソウル市市政開発研究院，2011年，11頁；ザンウォンボン（장원봉）「社会的企業の制度的同型化の危険と代案戦略」参加社会研究所『市民と世界』第15号，2009年，154頁。
7) ザンウォンボン，同上，160-161頁。
8) ザンウォンボン，同上，160-161頁。
9) Jacques Defourny and Marthe Nyssens. "Conceptions of Social Enterprise and Social Entrepreneurship in Europe and the United States: Convergences and Divergences." *Journal of Social Entrepreneurship*, 1 (1), 2010, pp. 32-53.
10) C. ボルザガ・J. ドゥフルニ（編），内山哲郎・石塚秀雄・柳沢敏勝（訳）『社会的企業──雇用・福祉のEUサードセクター──』日本経済評論社，2004年（Borzaga, C. and Defourny, J., *The Emergence of social enterprise*, Routledge, 2001）。
11) Jacque Defourny, "Third Sector", Luigino Bruni and Stefano Zamagni edit. *Handbook of Economics of Reciprocity and Social Enterprise*. Edward Elgar, 2013, pp. 403-405.
12) C. ボルザガ・J. ドゥフルニ，前掲注10，16-17頁。
13) 藤井敦史，原田晃樹，大高研道『闘う社会的企業──コミュニティ・エンパワーメントの担い手──』勁草書房，2013年。
14) C. ボルザガ・J. ドゥフルニ，前掲注10，26-28頁。
15) 藤井他，前掲注13，327頁。
16) Evers, Adalbert, "The Welfare Mix Approach, Understanding the Pluralism of Welfare System", Evers A. and Svetlik, I. (eds.), *Balancing Pluralism, New Welfare Mixes in Care for the Elderly*, Avebury, 1993; Evers, Adalbert, "The significance of social capital in the multiple goal and resource structure of social enterprise", C. Borzaga and J. Defourny (eds.), *The Emergence of Social Enterprise*, Routledge, 2001.
17) 藤井他，前掲注13，329-330頁。
18) 藤井他，同上，329-330頁。
19) Evers, 1993, *op. cit.*.
20) A. エバース・J. L. アヴィル（編），内山哲郎・柳沢敏勝（訳）『欧州サードセクター──歴史・理論・政策──』日本経済評論社，2007年，337-338頁。
21) Evers, 1993, *op. cit.*.
22) 藤井他，前掲注13，81頁。
23) シンミョンホ（신명호）「韓国の社会的経済概念の定立のための試論」『動向と展望』第75号，2009年，36頁。
24) キムソンギ（김성기）『社会的企業のイシューと争点』アルケ，2011年，29頁。
25) 韓国協同組合研究所「2013韓国協同組合年次報告書」『協同組合ネットワーク』2014年。
26) ソウル市は，2011年3月に「ソウル特別市自活事業支援に関する条例」を制定し，自

活事業の育成のために必要な場合，市長が自活共同体を自活企業として認証できることとなった。認証された自活共同体は，「ソウル市認証自活企業」という名称を使用できるようになった。
27) 就労移行型 WISE は，欧州における社会的企業の最大のグループである。この社会的企業は，就労困難者に対して職業訓練を行い，就労能力を向上させることで，一般労働市場に送り出していくことを目的とする。労働統合型社会的企業の類型については，Davister, C. et. al., "Work Integration Social Enterprise in the European Union: An Overview of Existing Models", WP no. 04/04, EMES Working Paper を参照されたい。
28) 安全行政部地域発展政策局『2011年マウル（村）企業育成基本計画』2011年。
29) 安全行政部，同上。
30) シンキョンヒ，前掲注6。
31) 農林水産食品部報道資料（2014年）。
32) ノデミョン，「韓国の社会的経済の現況と課題」『市民社会とNGO』第5巻第2号，2007年，145頁。
33) 保健福祉部『2011年自活事業の案内』2011年。
34) ここでいう脆弱階層とは，自分に必要な社会サービスを市場価格で購入することに難しさがあったり，労働市場の通常の条件のもとで就業が特に困難な階層のことで，低所得者・高齢者・性売買被害者・経歴断絶の女性・片親家庭の保護対象者・結婚移民者・長期失業者・北朝鮮からの移住民等が含まれる（第2条第2号および施行令第2条）。
35) ここでいう社会サービスとは，教育，保健，社会福祉，環境および文化，芸術・観光・運動，保育，森林保全，看護・家事，文化財の保存および活用，清掃および事業施設，雇用サービス等を意味する（第2条第3号および施行令第3条）。
36) 第3章で後述するように，2010年の社会的企業育成法の改正により，社会的企業の定義において地域社会への貢献という目的が追加されたのは，社会的企業支援策における「地域化」を加速させる制度的基盤として機能する。
37) チョヨンボック（조용복）「社会的企業育成のための政策課題」『ソウル経済』61号，2009年。
38) ソンウルチュン（손을춘）『社会的企業支援制度の問題点と改善方策』国会立法調査署，2014年，53頁。
39) ソンウルチュン，同上，59-60頁。
40) ソンウルチュン，同上，50-51頁。
41) ソンウルチュン，同上，59頁。
42) ソンウルチュン，同上，58頁。
43) ソンウルチュン，同上，58-59頁。
44) 雇用労働部・韓国社会的企業振興院『社会的企業実態調査研究報告書』2012年。社会的企業の実態調査の対象は，2011年まで社会的企業の認証を受けた企業のうち，2011年社会的企業の事業報告書を提出した631社である。調査は，社会的企業の全数調査，社会的起業家の調査，社会的企業の従事者調査で構成されている。社会的企業全数の調査は631社の調査対象の中で567社の企業が回答し，90％の回答率を示した。社会的起業家調査は554社の企業が回答し，回答率は88％である。最後に社会的企業従事者の調査は550

社の従事者2017人が回答した。
45) 雇用労働部・韓国社会的企業振興院，同上，145-170頁。
46) ソンウルチュン，前掲注35。ソンウルチュンによる調査データは，2013年9月現在，913社の認証社会的企業を対象とするアンケート調査の結果である。
47) 韓国労働研究院「イタリアの社会的企業」『国際労働ブリフ』2006年，31-35頁。
48) キムソンギ「社会的経済の制度化と社会的企業育成政策の争点」『the HRD review』(2014年5月)，107-108頁。
49) ソンウルチュン，前掲注38。
50) ソンウルチュン，同上，54頁。
51) ソンウルチュン，同上，55頁。
52) カクソンハ（곽선화）他『社会的企業3周年，成果評価』雇用労働部学術研究用役報告書，2010年。カクソンハ他『社会的企業の経済的・社会的成果』韓国社会的企業振興院委託事業報告書，2011年。
53) 金慶圭「韓国の協同組合基本法制定とその意味」『農林金融』2012年4月。
54) キムキテ（김기태）「社会的経済活性化と民官ガバナンスの重要性」韓国協同組合研究所『協同組合ネットワーク』2014年8月，111-112頁。
55) キムソンギ，前掲注48。
56) 雇用労働部・韓国社会的企業振興院，前掲注41，227頁。
57) 雇用労働部・韓国社会的企業振興院，同上，227頁。
58) 雇用労働部・韓国社会的企業振興院，同上，231頁。
59) 雇用労働部・韓国社会的企業振興院，同上，232頁。
60) 雇用労働部・韓国社会的企業振興院，同上，233頁。

第3章　韓国における社会的企業と社会的経済組織の歴史的理解

I　社会的企業制度の歴史と経路依存性

　ドゥフルニ（Jacques Defourny）とニッセン（Marthe Nyssens）[1]が強調しているように，社会的企業（social enterprise）という概念は，欧州とアメリカから登場した新しいタイプの社会的経済組織や事業型NPOのアイデンティティとその特徴について議論する中で登場したものである。つまり，社会的企業という概念は，欧州とアメリカにおいて，主に1990年代以降，出現した新しい事業体に対して共通の分析枠組みを提供し，その事業体を公式化する試みの産物であった[2]。
　さて，異なる経済・社会環境であるにもかかわらず，社会的企業や社会的経済に対する関心が高まっている理由は何であろうか。欧州においては，その背景として，経済成長の鈍化，構造的な失業などの問題が拡大するにつれて，所得格差が深刻化し，貧困や社会的排除などの問題が増加し，これらの社会問題に対する解決が共通の課題となっていることが挙げられる[3]。また，福祉国家の衰退あるいは国家機能の縮小が進行するにつれて，それを補完する，あるいは，従来の福祉体制を転換する必要性が高まっていく中で社会的企業が出現し，それに従って社会的経済の重要性が再度高まってきたとも説明される[4]。さらに，アメリカにおいては，国家の財政赤字による連邦政府の予算支出が削減され，NPOへの政府からの補助金が大幅に減少してきたことがNPOの商業化傾向を強め，社会的企業という新しい組織形態を生み出すことになったとも言われる[5]。欧州やアメリカと同様に，韓国における社会的企業の発展も，多くの論者

が同意しているように[6]，一時的なブームではなく，構造的な社会変化に直面した市民社会と政府と市場による対応の産物であった[7]。

　それでは，韓国社会においては，どのような社会的変化が社会的企業の登場に影響を及ぼしていたのであろうか。そのような社会的変化に対応するための制度によって，政府と市民社会と市場の役割と機能はどのように変化し，3つのセクター（およびそれぞれのセクター組織）間の相互作用の関係性はどのように変化したのであろうか。さらに，そのような社会的変化に対応するための制度環境の変化は，どのような類型の社会的企業を生み出し，発展させているのだろうか。社会的経済組織の存在理由とそのあり方は，それぞれの社会における社会文化的伝統や制度環境によって異なる。というのは，社会的経済組織は多様な社会的資源を動員することによって，その社会における独特なニーズに応え，かつ多様なアクターが相互作用しながら形成されるからである。したがって，社会的経済組織の概念は固定的なものでなく，それぞれの社会の変化と連動するような形で進化するようなものであると言える。社会的経済組織の存在理由とそのあり方に影響を及ぼすアクターの中でもっとも重要なキープレーヤーは市民社会組織と政府である。なぜなら，多くの国々の事例に見られるように，社会的企業や社会的経済組織の多くはNPOや協同組合などの市民社会組織によって形成され運営されることが多いからである[8]。また，同様に，社会的企業や社会的経済組織の活動の範囲や資源動員の程度などは，政府によって策定される制度によって制約されているからである。

　本章では，韓国における社会的企業の出現に影響を及ぼした社会の構造的な変化と制度に注目し，制度と組織の相互作用についての歴史分析を行うことにしたい。社会的企業や社会的経済組織の歴史分析において，制度は重要である。制度は，人びとによって考案された制約であり，人びとの相互作用を形づくる。制度の主要な役割は，人びとの相互作用に対する安定した（しかし必ずしも効率的でない）構造を確立することによって不確実性を減少させることである。それは人びとの相互作用にとっての指針である。一方，制度は徐々に発展し，絶えずわれわれの利用可能な選択の幅を変化させている[9]。

　制度と組織の変化を説明するために分析の焦点となるのは，制度と組織の相

互作用である。というのは，制度は，組織内外の協力関係に安定した構造を与え，不確実性を減少させるからである。また，逆に，組織は，制度によって提示された諸機会を利用するために創造されるからである。さらに，組織は与えられた制度的制約の中でのみ行動するのではなく，その制度的制約そのものを（部分的に）変更することにもかかわるからである。その点で，組織は制度変化のエージェントである[10]。そこで，本章の社会的企業についての歴史分析では，ある社会の大きな制度変化は，その社会の時間的変化の様式を形づくり，それゆえ組織の歴史変化を理解する鍵になると考える。

　一方，ノース（Douglass C. North）が指摘したように，制度の歴史分析は，次のような意味においても重要である。「歴史が重要であるのは，われわれが過去から学ぶことができるという理由からではなく，諸制度の継続性によって現在と将来が過去に結び付けられているからである[11]」。たとえば，ノースにとって，経路依存性（path dependency）という分析概念は，制度変化における歴史の重要性を示すキーワードの1つである[12]。この概念は，歴史において，1つの分岐過程を通じて生じる出来事のために，一度，ある特定の選択が行われると，他の可能性が排除されてしまう現象を示している。このような現象は，代替的な選択よりも明らかに非効率的であるような固定化した構造（locked-in）をもたらしうるので，経路依存的であると考えられる。経路依存性という概念は，たとえば，制度パターンが，たとえ社会的に効率が悪い場合でも，「自己強化的」であることを示しているので，分析的に重要である。このような意味からすれば，韓国において，2007年に制定された社会的企業育成法が重要な理由は，この法律が，政府による社会的企業に対する政策とそれに対応する社会的企業および市民社会組織の戦略との相互作用の構造に影響し，仮にそのような構造が社会的に非効率的なものであったとしても，そのような法律とそれに基づく制度が自己強化的に漸進的に進化すると考えられるからである。

　本章では，韓国における社会的企業の特徴を社会的企業の制度化という観点から，その発展過程を検討することによって検討することにしたい。そして，より広い文脈で，政策用語としての社会的企業と分析概念として社会的企業が「社会的経済」および「社会的経済組織」と結びつけられる過程について分析

を行うこととしたい。最後に，韓国における社会的企業の展望を行う際に論点となりうるポイントを指摘することにしたい。

II 社会的経済組織の市民社会的基盤と制度環境の歴史

1 国家主導的な旧社会的経済組織（1987年以前）

　第1章で述べたように，韓国における社会的経済組織の力量は，欧米と比べれば，非常に脆弱である。植民地時代において協同組合運動は禁止され，挫折し，軍事政権期には農協などの特定目的の協同組合のみが選別的に許容され，民間による自律的な社会的経済の領域が普遍化できる機会が制限されていた。社会的経済組織としての協同組合や社会的企業の萌芽が出てきたのは，1987年以降の民主化時代においてである。この節では，韓国の社会的経済組織と社会的企業の発展過程を，まず，1987年以前と以後で区分することで，協同組合の原理に基づいた組織（旧社会的経済組織）の特徴を考察する。次に，1987年以降の歴史は，社会的企業が制度化した2007年を基準とし，それ以前と以降に区分して，韓国の社会的企業の特徴を，制度環境と市民社会との相互作用の歴史分析を通して，明らかにすることにしたい。

　韓国における社会的経済組織の胎動は，ヨーロッパと同様に，市民社会を基盤とするサードセクター運動からその根を探ることができる。しかし，市民社会的基盤は極めて脆弱であった。その主な理由は，協同組合で代表される旧社会的経済（the old social economy）と，サードセクター組織の新しい展開としての社会的企業によって象徴される新社会的経済（the new social economy）の断絶にあると考えられる。ここで旧社会的経済部門の組織は，後述するが，規範的な意味では社会的経済組織と見なせないものがほとんどあり，したがって欧州の旧社会的経済組織のように，社会的経済の言説を主導することができなく，そのような言説の中心にも立つことができなかった。要するに，社会的経済組織の規範的な定義からすれば，社会的経済と言えない組織であったのである。実際に，ここで旧社会的経済組織と呼んでいる組織のうち，自らを社会的経済組織と見なしている組織はないに違いないと言える。ただ，農協などの組織は，

資料3-1　制度化以前の社会的経済組織の歴史的変化

制度化以前	国家主導的な旧社会的経済組織（1987年以前）	◆農協，水協，山林協同組合（1960年代）
		―国家主導的な経済開発の物的土台づくり一環として設立
		◆信用協同組合（1972年）→2つの地域で独自の社会的経済エコシステムを形成
		―原州市，洪城郡の信用協同組合
	社会的経済組織の市民社会的基盤づくり（1987年～1997年）	◆消費者生協の胎動と拡散（1988年，ハンサリム）
		―ドゥレ生協，アイクップ生協，医療生協
		→医療生協は，社会的企業育成法の制定以降，社会的企業の認証を獲得
		◆労働者協同組合による生産者共同体運動の実験
		―都市貧民運動が中心
		―ナレ建設など，社会的企業育成法の制定以降，少数の生産共同体は社会的企業として成長
	金大中政権（1998年～2003年）における社会的経済	◆国民基礎生活保障法（2000年）に基づく自活支援事業の制度化
		―清掃，リサイクル，看護・家事サービス等の自活企業
		→勤労貧困層を対象とする「労働統合型社会的企業」への成長
	盧武鉉政権（2003年～2008年）における社会的経済	◆社会的就労政策の施行（2003年）と非営利部門の事業化の拡散
		―福祉，文化，教育，保育等サービス提供型の事業体の登場と拡散
		◆社会的企業の制度化と多様な支援政策の推進
		―社会的企業育成法の制定（2006年）：認証社会的企業の制度へ
		―第1次社会的企業育成基本計画の樹立（2007年）

　協同組合の原理が，形式的なレベルにおいて，組織原理として取り組まれており，制度環境の変化と組織内部の改革次第では，社会的経済組織になりうるという意味からすれば，潜在的な社会的経済組織であると言えよう。そのような可能性に注目しつつ，欧米との比較分析という観点から，「旧社会的経済組織」という概念を使用することにしたい。

　第2章で考察したように，韓国における旧社会的経済部門には，農協，水協，山林組合，信用協同組合が含まれていた。これに対し，新社会的経済部門の組織としては消費者生協，自活企業，マウル企業，農漁村共同体会社，社会的企業，基本法協同組合，社会的協同組合を挙げることができよう。旧社会経済部

門の組織は長い歴史を持っており，協同組合の類型を適用するならば，生産者協同組合と信用協同組合で構成されている。しかし，韓国における旧社会的経済組織は，とりわけ1987年前までには，国家の経済政策の一環として組織化されたり，民間主導で作られた協同組合も権威主義的な国家の強い統制によって運営されることになってしまったため，社会的経済組織ではなく，「官製協同組合」と呼ばれていた[13]。

　農協，水協，山林組合は，日本による植民地時代において，植民地の統治のための下部組織としての役割を果たしていた官製団体を物的基盤として組織されていた。これらの団体は，植民地時代の解放後も，韓国政府の官製団体として再度，組織される運命となる。言い換えれば，協同組合であるのに，組合員の組合員による組合員のための組織ではなく，国家のための組織として再編されていたのである。たとえば，農協は，1957年に農業協同組合法が制定され，制度的根拠を持つようになる。しかし，軍事クーデターで政権を取ったパクチョンヒ（박정희）政権は，農協の役員任命に関する臨時措置法を制定し，農協の中央会会長を大統領が任命し，中央会会長がそれぞれの組合の代表と幹部役員を任命できるような制度変更を行った。その後，農協は成長し，2014年現在，協同組合数が1159団体，組合員数は245万人となっており，経済規模は47兆ウォンになるほど，協同組合のうち，もっとも大きな経済規模を示している[14]。しかし，長い間，政府の政策によって組織全体が分割あるいは統合されるなど，組織の自律性という側面から極めて脆弱な姿を示している。1987年以降，民主化の流れに影響され，組織の自律性が確保されるようになっていたが，組織文化においてはいまだに官製団体としての特性が色濃く残っている。このような状況は，水協や山林組合も同様である。たとえば水協は1962年に水産業協同組合法が制定され，山林組合は1961年に山林組合法が制定されるが，国家の統治のための機関として組織化されるようになる。

　一方，信用協同組合は，1960年に民間のイニシアティブによって設立されたことにより登場していた。この組合は，韓国戦争後の貧困問題を自助の方法で解決したいという趣旨で，宗教組織などが中心になって作られていた[15]。たとえば，現在も原州市や洪城郡（ホンソン）の信用協同組合などはその伝統を継承し，その結果，

現在，原州市は協同組合型の原理に基づく社会的経済エコシステムのモデル地域として評価されている。両地域は，農民生産者運動の萌芽となるような協同組合を組織化し，その影響は，首都圏の都市貧民運動グループによる自助的な経済コミュニティ運動の試みにも現れることになる[16]。そのような信用協同組合も，1972年に信用協同組合法が制定されてから急成長を成し遂げていたが，協同組合内部の不正事件などが頻発することとなり，1997年の通貨危機以降は倒産する協同組合が増え，結局，国家の公的資金の投入によって第二金融組織として制度化されてしまう。しかしながら，最近，社会的企業や社会的経済に対する関心が増大したことで，再び，信用協同組合の自助に基づく相互連帯の原理を実現しようとした伝統を継承する一部の信用協同組合が登場している。そのような信用協同組合は，地域社会内の社会的経済組織の資金調達や経営コンサルティングなどの役割を果たすことで，自らのアイデンティティを捉え直し，地域社会における社会的経済エコシステムの核としての役割を果たそうとしている。たとえば，一部の信用協同組合は，2012年の協同組合基本法の施行以降，急増した協同組合や，社会的企業に対する融資支援制度を検討している。また，融資だけでなく，信用協同組合中央会とソウル市地域協議会はソウル市と社会的経済組織の融資・広報・教育などを内容とする「協同組合の活性化のための相互協力」の協約（MOU）を締結した[17]。信用協同組合は，2013年基準で，942団体の会員組合が582万人の組合員とともに56兆ウォン程度の資産を運用している。

　これまでの考察からわかるように，農協，水協，山林組合，信用協同組合によって構成される韓国の旧社会的経済は，欧州のそれとは発展経路が違っていた。すなわち，旧社会的経済は市民社会を基盤とするものではなく，国家の経済開発のための物的土台づくりの一環として形成され，制度化されていたのである。したがって，一部の信用協同組合を除けば，旧社会的経済組織が2000年以降に登場した新社会的経済組織の形成に及ぼした影響はほぼなかったと言える。旧社会的経済組織は１次産業と信用事業を中心に構成されており，組織運営原理や社会的目的も国家の意図と統制によって強く影響されていたので，新社会的経済組織とはその特性が明確に区分され，その伝統も断絶されていたの

である。[18]

2　社会的経済組織の市民社会的基盤づくり（1987年〜1997年）

　それでは，韓国の新社会的経済組織の市民社会的な根源はどこにあったのであろうか。多くの論者が合意しているように，その根源は，大きく分けて，1980年代後半の２つの市民社会運動に見られる。その１つは消費者協同組合運動であり，もう１つは都市貧民運動による生産者共同体運動である。[19]

　1987年の民主化以降，社会的経済組織としての消費者生活協同組合（以下，消費者生協とする）が胎動し，その拡散が本格化する。このような消費者生協の登場は，韓国における社会的経済の組織化が本格的に市民社会組織の活動と結合し，位置づけられる出発点となる。[20] 社会的経済組織としての消費者生協は，1988年の「ハンサリム共同体生協」がはじめての組織であった。この消費者生協を筆頭として発展した消費者生協は，現在，韓国の社会的経済組織の中でもっとも大きく成長した組織部門となっている。代表的な消費者組織には，「ハンサリム共同体生協」，「ドゥレ生協連合会」，「アイクップ生協連合会」，「幸福重心生協」などがあり，その他に「女性民友生協」や「大学生協」などが活動している。また，1980年代において民主化運動に携わっていた市民社会組織が中心となり，市民社会組織それぞれの社会的ミッションに適合する部門組織として消費者生協に取り組むグループも1990年代から登場することとなる。たとえば，住民が協同し地域社会の医療的ニーズを自ら解決していく組織である医療生協が登場し，全国に拡散する。その規模という点では，消費者生協に比べられるほどではないものの，社会的企業の制度化以降，「韓国医療生協連帯」に属している医療生協のいくつかは，認証社会的企業の地位を獲得することとなる。仁川平和医療生協など17ヶ所の生協は，「認証社会的企業」や「予備社会的企業」となっている。また，2012年の協同組合基本法の制定以降，医療生協の一部分は「社会的協同組合」へと転換している。

　社会的企業のもう１つの根源になっていたのは，都市貧民運動組織であった。都市貧民運動はカトリックの宗教組織が中心となり，1970年代と1980年代に行われていた。そして，1987年の民主化以降から1990年代初頭において，都市貧

民運動は地域を中心とする生産者協同組合を指向する生産共同体運動を実験することになる。こうした努力は，一種の小規模労働者協同組合の運動であると言える。たとえば，1990年にソウル市の地域で設立された「建設従事者ドゥレ」や仁川地域で設立された女性中心の生産者共同体である「ドゥレ協業社」を筆頭に，貧困地域を中心とする多様な生産者共同体運動が拡散することとなる。当時の生産者共同体運動の業種は，主に建設と縫製であり，事業規模は零細であった。一方，都市貧民運動の一環として，託児施設や共同育児協同組合を設立しようとする動きが胎動することとなる。この時期に胎動した社会的経済組織は，既存の市場経済や社会のあり方に対するオルタナティブを強く意識していたという意味において，社会的経済に対する志向性が強かったと言えよう。

しかし，建設業や縫製業などの事業体を協同組合方式で経営するための試み自体は，大部分が失敗で終わってしまった。企業としての競争力が貧弱であり，資本力や経営力も不足していたためである[21]。生産者共同体運動は失敗に終わったが，都市貧民運動のグループの1990年代前半の試みは，2000年代の社会的企業の原型を作り，その動力を形成していたと評価されている[22]。実際，このような運動に参加していたグループの多くは，社会的企業の源泉となっていた「自活企業事業」を政府（保健福祉部）が導入することに影響を及ぼし，自らもその事業に参加することとなっていたからである[23]。たとえば，都市貧民運動にかかわっていた活動家や市民社会組織の多くは，1996年に保健福祉部の「自活共同体創業支援事業」のモデル事業に参加していた。政府とのガバナンス体系による共同実験は，ソンギョンヨン（송경용）などの活動家が指摘しているように，「協同組合方式の自活共同体の設立が，はじめて政府と協力しながら実験され始めた経験であった[24]」という意味からすれば，その後の市民社会組織と政府との関係に大きな影響を与えた，小さいが重要な経験であったと言えよう。一方，こうした社会的経済組織のうち，「ナレ建設」など一部の生産共同体は，社会的企業の制度化以降も生き残り，認証社会的企業となった。ナレ建設は，現在は「CNH総合建設」とその名を変えている。

3 潜在的社会的企業の拡散（1998年～2007年）

(1) キムデジュン政権（1998年～2003年）における社会的経済

　韓国において，社会的企業と類似した事業体を形成するための政府の政策は，1997年の通貨危機以降から始まる。通貨危機で失業者が急増し，産業構造を新自由主義へと変化させる構造改革によって「雇用なき成長」の現象が構造化することによって，長期実業者や非正規社員などの社会的脆弱階層が増加し，それに対する政府の対策が必要となったためである。このような問題の解決に関するかぎり，市民社会組織も例外ではなかった。したがって，この時期は，政府だけでなく，市民社会組織も自らの社会的目的として脆弱階層に対する雇用の創出と貧困問題の解決を模索する多様な実験を行った期間であったと言える。

　1997年の通貨危機直後，市民社会組織による失業問題の解決活動において重要な役割を果たしたのは，地域ごとに組織された100ヶ所の「失業者総合支援センター」であった。このセンターの財政は，1998年6月に市民社会組織によって設立された「失業克服国民運動委員会」によって支えられていた[25]。このセンターに参加した市民社会組織の政治的志向は異なっていたものの，脆弱階層に対して仕事の機会を提供するという目的においては一致しており，この経験は政治的志向を乗り越えて，市民社会組織同士が連帯する機会になっていたと言える。たとえば，上記センターの活動は，進歩的なイデオロギーを持っていた都市貧民運動グループとYMCAや「経済正義実践連合」のような市民社会組織が協力することの重要性を学習する機会を提供していたのである。その後，失業者総合支援センターは，2003年6月には，全国レベルでより体系的な活動を行うために，「失業克服国民財団」（2003年6月）を設立する。そして，この財団の設立を契機に，多種多様な市民社会組織は，新しい雇用政策や福祉政策を遂行していくための制度的基盤づくりと持続可能な「公共勤労事業」のあり方を模索する活動を行うことになる。

　失業者総合支援センターの活動において，もう1つの注目すべき点は，同センターを中心に様々な市民社会組織が，政府の「公共勤労事業」に積極的に参加したことである。政府（行政自治部）が，失業問題に対する方策として，

1999年から大規模の公共勤労事業を民間委託事業という形で実施することとなったためである。このような公共勤労事業のあり方は，韓国の市民社会の歴史においては画期的なものであったと言える。というのは，これまでの一部の市民社会組織とは異なり，多くの市民社会組織が政府の財政資源を利用して自らの構想どおりに失業対策の事業を全国的なレベルで行った最初の事業だからである[26]。また，こうした事業への市民社会組織の参加は，市民社会組織自らが自発的に公共勤労事業の効果と持続可能性を工夫する中で，活動家のみならず専門家たちが，欧州の社会的企業や社会的経済について学習する契機にもなっていた。

　さらに，公共勤労事業によって開発された新しい社会サービスの有用性が認められることとなり，公共勤労事業によって提供された一部のサービスは，その後，雇用労働部の「社会的就労事業」と保健福祉部の「自活支援事業」によって維持されることになった。このような官民ガバナンスの体験は，公共勤労事業や自活支援事業が社会的企業の事業へと発展できる市民社会的基盤を構築する上で重要な意味を持っていたと評価できよう。

　しかし，公共勤労事業は，政府の財政にすべて依存しており，臨時的就労の提供が目的であったので，生産性とサービスの品質という側面において問題を抱えていた。また，事業の持続可能性を確保することが難しかったために，雇用の持続性を保障するための安定的な職場づくりという課題を抱えていたのである。そこで，当時の多くの市民社会組織と失業克服国民運動委員会は，公共勤労事業を社会的にも有用なものとして発展させたいという意志を政府に示すことになる。こうした流れが社会的経済組織への関心を深める契機となったのは，2000年にソウル市で開催された社会的企業に関する国際シンポジウムである。このシンポジウムを契機に，社会的企業という概念が紹介されたのである。このような動きは，その後，国民が必要とするサービスを提供でき，仕事としての安定性を確保するための方策として，社会的企業の初歩的形態である「社会的就労事業」の設計と拡大につながることとなる。

資料3-2　社会的就労政策の流れ[27]

時期	区分	担当政府省庁	参加資格	参加期間
1999年	公共勤労事業	行政自治部	失業者	3ヶ月ずつ最大9ヶ月
2000年	自活支援事業	保健福祉部	条件付生活保護受給者と次上位階層	制限なし
2003年	社会的就労事業	雇用労働部	失業者	1年ずつ最大3年

　一方，こうした市民社会の流れは，「生産的福祉」という新しい理念を掲げていたキムデジュン（김대중）政権が，2000年に「国民基礎生活保障法」を制定し，その法律を根拠とする「自活支援事業」の施行につながる。この法律は，韓国における福祉レジームの転換を示すものであった。というのは，1963年以降，「先成長・後分配」という開発優先の国家政策を，部分的とはいえ，転換していることを示した法律であったからである。韓国の政府予算における社会保障費の推移を見ると，1980年代後半までは3％程度であり，1987年から1990年代後半までは6％程度であった。これは，他の先進国と比べれば，3分の1程度の非常に低いレベルである。しかし，1997年の通貨危機によって，社会保障費の支出を10％以上へと上げざるをえない状況が生じていたので，この時期は民主化運動を一緒に行っていた市民社会側とリベラルで進歩的な政権であったキムデジュン政権にとって，福祉制度の改革を進める機会になったのである。このような文脈からすれば，国民基礎生活保障法は民主化運動をともにした同志的な一体感を持っていた市民社会組織とキムデジュン政権の合作であったと言える。

　国民基礎生活保障法は，「生産的福祉資本主義」という新しい福祉哲学に基づいて作られている[28]。この法律の特徴は，社会安全網の拡充を行うために基礎生活保障の範囲を拡大する一方，勤労と福祉を連携させようとしたところにある。しかし，この法律の制定のためには，官僚と保守的な政党の反対を乗り越えることが必要であった。官僚と保守的な政党は，勤労能力のある受給者が国家の保護に安住するモラルハザードの発生を防止し，国家財政の負担を反対の理由として挙げていたからである。そこで作られた政策が「自活支援事業」である。言い換えれば，上記の法律は，福祉を拡大しようとする市民社会および

政権と，それに反対する官僚および保守系野党との間の妥協の産物であったのである。このような過程を経て，上記の法律を根拠にした自活支援事業は，勤労能力を持つ基礎生活保障受給者に対して作業訓練と職場の提供に力点を置き，モデル事業として実行されていた自活支援事業を全国的なレベルへと拡散するように制度化された。

　自活支援事業においても，公共勤労事業を通してその可能性を認められた多くの市民社会組織が「自活支援事業のエージェント」として参加することとなる。法律的な根拠を持っている自活支援事業であったために，多くの市民社会組織は，自らの組織形態を社会的企業に類似した事業体へと転換する動きを強めていた。実際に，全国の基礎自治体には「地域自活支援センター」が設置されることになり，そのセンターの運営に市民社会組織が参加することで，地域ごとに官民ガバナンスによる自活企業の創業が拡大する流れが作り出された。自活企業をインキュベーティングする役割を果たした地域自活支援センターは，清掃事業，看護・家事事業，リサイクル事業，住居修理事業など5大標準化事業を遂行し，短期間ではあったものの，2011年までに247ヶ所の自活支援センターを設立でき，1000団体以上の自活勤労事業団と約300社の自活企業を設立するという量的な成果を成し遂げた。

　自活支援事業は，市民社会組織にとって2つの意味を持っていた。その1つは，市民社会組織が政府組織への「制度的同型化」の代価を払うことになったことである。というのは，市民社会組織が政府の財政支援を受けながら社会的経済組織としての役割を果たすためには，自活支援センターのエージェントとして政府により管理されることが必要条件になっていたからである。つまり，市民社会組織の自律性が阻害されるリスクを背負うことになったのである。もう1つは，自活事業の量的な成長により，政府の政策決定者に対して，市民社会組織が事業体としても能力を持っており，また，組織の革新的なあり方を創出できる能力をも持っているということを認識させる必要性が強くなってきたことである[29]。したがって，自活支援事業は，韓国における社会的企業の原型になる可能性を持っていた。この事業は，脆弱階層のための職業訓練，労働参加などの社会的目的の追求とビジネス活動を結合していたという点で「労働統合

型社会的企業」(WISE) であり，その中でも「就労移行型 WISE」の特徴を持っていたからである。実際，第2章で分析したように，社会的企業の制度化以降，自活企業は社会的企業の主な母体の1つであった。自活企業のうち82社（2012年7月現在）が認証社会的企業の地位を獲得している。このような意味からすれば，自活支援事業による官民ガバナンスの体験は，社会的企業の主要な成長基盤になっていたと言えるだろう。

(2) ノムヒョン政権（2003年～2008年）における社会的経済

　自活支援事業は，「労働統合型社会的企業」として一定の成果を成し遂げていたが，生活保護の受給者たちの勤労意欲が低い場合，自立が困難で，賃金も最低水準から脱却できないという課題を掲げていた。また，自活事業の財源はすべて政府の財源に依存し，民間の支援インフラを組み込もうとする努力が足りず，さらに，それぞれの事業の規模も非常に小さい状況であった。そこで2003年，ノムヒョン（노무현）大統領の引継委員会で始まった貧困層に対する雇用政策に関する議論が，雇用労働部の「社会的就労政策」として具体化されていく中ではじめて，「社会的企業」が政府内でも「社会的就労を生み出す戦略」として議論されるようになる。それ以降，雇用労働部は，2003年に自活支援事業と並行して，「社会的就労事業」を試験的に施行することになる。社会的就労事業の目的は，雇用労働部によれば，「社会的に有用であるものの市場で十分に供給されていない社会サービス部門で社会的弱者を雇用して生み出される仕事の創出」であった。雇用労働部が着手した社会的就労事業は，需要の増加が見込まれる社会サービス分野に社会的弱者のための雇用を創出し，失業や所得格差といった社会的課題の解決と，社会的企業の創出や社会的企業の地域社会への定着を促進する事業だったのである。

　この事業は主に非営利民間団体に委託し，労働者の人件費を一定期間支援するような形式で行われた。主な事業分野は，教育サービス，文化サービス，福祉サービスなどの対人サービス分野であり，主に地域社会に根を張っている専門性の高い市民社会組織や福祉団体などが参加していた。多種多様な市民社会組織の参加により，市民社会における社会的企業に関する言説も拡散することとなる。2003年以前までは，社会的企業に関する言説を自活支援事業や公共勤

労事業などに参加していた市民社会組織が主導していたが，2003年以降は，環境・ジェンダーなどの市民社会組織が社会サービスの提供と関連する社会的企業に関心を示すことになったのである。また，大学生などの若年層が中心となったソーシャルベンチャーも登場することで，社会的企業と関連する市民社会の主体が多様化していくことになる。こうして社会的企業に関する言説が広がり，その実体に近い社会的就労事業と関連する事業体が増え，ソーシャルベンチャーなども活性化した。そこで2005年，政府は社会的企業を育成するための法律制定と関連するタスクフォースチームを発足させることとなる。

　このような変化の背景には，社会的就労事業の有効性に対する問題意識の共有があった。というのは，社会的就労事業自体は，既存の公共勤労事業や自活支援事業と根本的に差別化できるほどのものではなかったためである[32]。つまり，社会的就労事業は，短期的な低賃金雇用創出にとどまり，継続的な職場を創出するには限界があった。また，政府からすれば，行政管理面でも非効率な側面が目立ち[33]，既存の政府事業（自活支援事業，高齢者雇用促進事業，障害者雇用促進事業等）と内容上，重複するケースが多いという課題も抱えていた。また，政府にとっては社会サービスを拡大する際に必要なコストを抑えつつ，信頼できる供給機関が必要となっていたが，社会的企業はそのような機関としても有効であると判断したのである。さらに，政府の立場からすれば，自活支援事業や社会的就労事業の効率性と効果性に対する保守と革新の政治グループからの批判的な意見を抑える必要性をも感じており，その対抗策の1つになっていたのが社会的企業であった[34]。そのため政府は，当事業を2006年9月，「ビジョン2030」[35]において「社会サービス雇用創出政策」に再編し[36]，政府の先行投資により育成する社会サービス産業とバウチャー制度との併用で，社会的企業を育成する事業へと発展的改善を図ることとなる[37]。

　このように政府が社会的就労事業を発展的に再編しようとした動きのもう1つの背景には，官民のガバナンス体系により，脆弱階層に対して雇用を創出するアプローチが，市民社会組織の多様な資源を動員できる機能を持っているという点を政府も否定できなかったことがあった。一方，市民社会組織にとっても，自らの活動を地域コミュニティに根を下ろして活動していく上で，官民ガ

バナンスの体系は行政からの資源を動員できる効果を持つという意味で有効な戦略であったに違いない。この点こそ，2003年以降，社会福祉部門の市民社会組織だけでなく，環境，ジェンダー，人権などの市民社会組織が自らの大義や社会的目的と結びつける形で社会的就労事業に参加した主な理由の1つであろう[38]。このように社会的勤労事業に多様な市民社会組織が参入していくにつれて，社会的企業の設立も散見できるようになった。失業者や脆弱階層の就労を促す労働統合型社会的企業を通して，市民社会組織自らがその活動範囲を拡大することで，政府の資源だけでなく，市民社会からの資源をも動員できるようにしたのである。たとえば，市民社会組織が中心となり，「社会連帯銀行」や「希望製作所」，「失業克服国民運動財団」（現在の「一緒に働く財団」）などが設立され，社会的企業のインキュベーティングを支援する活動を行うなど，社会的経済組織に対する支援インフラが市民社会側でも形成されることになる[39]。さらに，営利企業も社会的貢献活動（cooperate social responsibility）の一環として，市民社会と協力して，社会的就労の創出事業に参加することとなる。

　要するに，社会的就労事業は，社会サービスの不足や失業の問題や貧困の問題などを解決できる万能策としての意味を持っていたのである。そこで，韓国政府は，社会的就労事業を持続し発展させるための法整備を行うこととなり，その過程で登場したのが，欧州の「社会的企業」（social enterprise）という概念である[40]。このように，社会的就労事業を発展させるための政策手段として社会的企業を制度化し，より体系的に育成することをめざす機運が高まることとなり，2005年からは立法機関の関係者を中心に，社会的企業育成法の立法化に向けた作業が本格的に始まった。その結果，2005年12月および2006年3月に議員立法という形で社会的企業支援法案がそれぞれ発議され，2007年1月，上記の2つの法案を土台にして「社会的企業育成法」が制定されることとなった[41]。社会的企業の制度化以降，社会的就労事業体のうち，436社（2012年7月現在）が認証社会的企業の地位を獲得したことからわかるように，社会的就労事業の部門は，社会的企業の制度化以降，社会的企業の核心的な成長動力になっていたと言えるだろう。

4 社会的企業の量的成長期（2007年〜2009年）

　2007年1月に社会的企業育成法が制定されたことで，韓国社会は社会的経済組織の新しい展開としての社会的企業が成長できる制度的基盤を構築することとなった。この法律は，イギリスの社会的企業（community interest company）をモデルとしたものであると言われる[42]。すでに社会的企業としての協同組合が多く活動していたならば，イタリアのように，社会的協同組合を主要なサービスの供給者として育成する法律が制定できたかもしれない。しかし，韓国においては，上述したように，既存の協同組合のうち，社会的経済組織としての組織原則を固持する協同組合の数は非常に少なく，営利化の道を歩んでいる協同組合が多数を占めていた。たとえば，当時の韓国社会では，社会的経済を指向する協同組合である労働者協同組合の数は10団体程度にすぎなかった。このような状況は，協同組合基本法が社会的企業育成法の制定から5年後にあたる2012年12月に制定されることになった理由の1つであろう。

資料3-3　制度化以降の社会的経済組織の歴史的変化

制度化以降	社会的企業の量的成長期（2007年〜2009年）	◆雇用労働部主導で労働統合型社会的企業の量的成長
		◆2008年のリーマンショックによる世界経済危機と社会的企業の社会的有用性に対する認識の拡散
	社会的企業の地方化と社会的経済エコシステム（2010年〜現在）	◆雇用労働部から他の省庁への社会的経済組織の拡散
		―マウル企業，コミュニティビジネス，農漁村共同体会社
		◆協同組合基本法（2012年）の制定
		―基本法協同組合と社会的協同組合の登場
		―既存の社会的企業や社会的経済組織の協同組合化現象
		◆社会的企業の地域化と社会的経済に対する認識の拡散
		―地域市民社会レベルで社会的経済ネットワークが自発的に組織化
		―ソウル市を中心に社会的経済エコシステムの政策が活性化
		―地域コミュニティ政策と社会的経済エコシステム政策の融合

　社会的企業育成法のもっとも大きな特徴は認証制度にある。政府は，認証された社会的企業の場合，政府から人件費などの財政的支援を受けることになる

ので，このようなインセンティブが既存の社会的経済組織や市民社会組織が社会的企業へと転換する動機を高めることになると期待したのである。つまり，社会的企業育成法は，既存の市民社会組織や多様な非営利民間団体が社会的経済組織として転換できる開放的な法律の制定をめざして作られた法律であったと言える。というのは，1997年の通貨危機以降，地域社会を中心に住民に多様な社会サービスを供給する市民社会組織が増加していたので，市民社会のこのような変容に政府は注目していたのである。[43]

　一方，社会的企業育成法が制定されてから，社会的企業は「法律用語」となり，「政策用語」として公式的に使用されることとなる。社会的企業育成法によれば，雇用労働部の認証を受けた事業体のみが社会的企業という名称を使うことができると規定していたからである。しかしこのことは，社会的企業という用語の使用自体を限定する側面があった。たとえば，社会的弱者の共同創業の事業体である自活企業の場合，社会的企業の典型の１つであるものの，雇用労働部の認証を受けない場合には法的に社会的企業という名称を使用することができなくなったのである。その影響もあり，たとえば2008年６月には，市民社会組織が共同で運営していた「社会的企業の発展のための市民社会連帯」は，団体自らの名称変更について議論することとなる。その際，上記の連帯にかかわっていた多様な市民社会組織は，個別の社会的企業の成長ではなく，個別の社会的企業の持続可能性を高めていくためにも，社会的企業の経済活動領域である社会的経済が必要であるという理解の下で，「韓国社会的経済連帯会議」へとその名称を変更することになる。社会的経済および社会的経済エコシステムの必要性が市民社会側から議論され始めることになったのである。

　一方，社会的企業育成法制定以降の３年間，認証社会的企業と予備社会的企業の数は合計で1000社を超えることとなり，従来の社会的就労事業や自活事業と比べ，雇用の安定性やその質が向上するなど，成長は著しかった。しかしながら，2008年のはじめは，予算減縮，減税等の政策により，社会的企業と関連する一部の政策が遅延していた。前政権と比べ，イミョンバク（이명박）政権（2008年～2013年）は保守的なイデオロギーに基づいていたので，政権にとっての社会的企業の比重はそれほど高くなかったに違いない。しかし，2008年10月，世

界的な経済危機の到来で，政府は再び，社会サービスと関連する予算を増加させ，福祉関係の政策手段も増加せざるをえなくなってくる。脆弱階層に対する雇用創出と社会サービスの提供に対する社会的企業の社会的有用性が再度，注目されたのである。その際，注目すべき点は，2008年の世界経済危機により，市民社会側だけでなく，政府や議会からも，協同組合，とりわけ欧州の「社会的協同組合」についての関心が高まったことであろう。たとえば，スペインのバスク地方に基盤を持つモンドラゴンの協同組合方式による社会的経済エコシステムが，雇用を犠牲にしないでその衝撃を最小化できた事例として注目を集めたのである。こうした関心の高まりは，2012年の協同組合基本法の制定につながることになる。

5 社会的企業の地域化と社会的経済エコシステム（2010年〜現在）

　2008年の経済危機以降，再び，失業と貧困の問題に対する社会的関心が高まっていた。そこで政府は，2010年6月，非常経済対策会議であった「国家雇用戦略会議」において，地域の事情に合った雇用および就労の創出戦略を強調することになる。そして，2010年後半からは，地域社会を基盤とする社会的就労事業と地方自治体の役割を重視する議論を深めることになる。そのような議論を展開していく中で政府は，これまで省庁別に推進していた，認証社会的企業，予備社会的企業，マウル企業および自活企業の育成事業に対する支援政策の効率性を高め，このような社会的経済組織の持続可能性を高めるためには，地方自治体のレベルでの支援および管理体系を統合・連携することが必要であると認識するようになった。つまり，多様な社会的経済組織それぞれの長所を引き出し，シナジー効果を上げるためには，地域社会を基盤とする「社会的経済エコシステム」の形成と活性化が不可欠であると考えたのである。[44]

　その結果，雇用労働部は，2010年後半に入ってからは，社会的企業の育成策の1つとして地域における草の根型社会的企業の育成を正式な目標として設定することになる。また，2007年に社会的企業育成法を制定した当初は，社会的企業の定義に「地域社会に貢献することで」という表現がなかったものの，2010年6月に法改正する際には上記の表現が加えられた。その結果，社会的企

資料3-4　社会的経済組織に関する政策の拡散

区分	関係省庁	概念	政策内容	目的	根拠法
自活企業	保健福祉部	国民基礎生活保障法により、受給者等が相互協力して組合あるいは付加価値税法により2人以上の事業者として設立した組織	◆地域自活センターによる自活共同体の設立および運営支援	低所得層の就労創出および社会サービスの提供	国民基礎生活保障法（1999年）
社会的企業	雇用労働部	脆弱階層に社会サービスや雇用を提供し地域社会に貢献することで、地域住民の生活の質を高めるなど社会的目的を追求しながら財貨およびサービスの生産・販売等の営業活動を行う企業	◆社会的企業育成法の制定および認証制度の導入、◆経営・財政・広報事業の支援や、社会的就労の創出と関連する人件費の支援など	脆弱階層に対する雇用創出	社会的企業育成法（2007年）
マウル（近隣地域）企業	安全行政部	地域共同体の特有の資源（郷土、文化、自然資源など）を活用し、住民主導のビジネスを通じて安定的な所得および雇用を創出するマウル（町・村）単位の企業	◆希望勤労事業の後継措置である自立型地域共同体事業を安定的雇用創出に重点を置いたマウル（町・村）企業へと変更、◆事業費支援、金融支援、経営コンサルティング	雇用創出と地域活性化	
コミュニティビジネス	知識経済部	地域が直面した問題を住民が主体となって地域の潜在資源を活用してビジネス方式で解決すること	◆2010年に中間支援組織6団体とMOUを締結し、模範事業10事業を推進、◆8ヶ月間、事業経費を支援	地域活性化	
協同組合	企画財政部	◆協同組合は、財貨あるいはサービスの購買、生産、販売、供給などを協同で営為することで組合員の利益を向上し、地域社会に貢献しようとする事業組織、◆社会的協同組合のうち、地域住民の利益や福利の増進と関連する事業を行ったり、脆弱階層に社会サービスあるいは雇用を提供するなど営利を目的としない協同組合	◆特別法のみで設立可能であった協同組合に新しい法人格を与えることで協同組合の設立が従来よりも容易に設立できる、◆条件が整っていれば、認証社会的企業として行政からの支援を受けられることとなる	社会統合と国民経済の均衡のある発展	協同組合基本法（2012年）
農漁村共同体会社	農林食品部	地域住民あるいは帰農人力が自発的に参加し、企業経営の方式を結びつけて地域の人的・物的資源を活用することで、農漁村地域の雇用と所得を創出し、地域社会の発展に寄与する組織	◆農村の自立基盤の構築に重点を置いた地域共同体の組織を支援、◆マーケティング、技術開発、広報などのための活動費を支援（最大2年）	地域活性化	生活の質向上に関する特別法（2010年）

業の目的類型にも,「地域社会貢献型」が追加されることとなる。こうした傾向は,他の省庁へと拡散していた。安全行政部は2010年後半に,既存の「希望勤労事業」を「地域共同体就労事業」へとその名称を変更し,2011年にはその名称をさらに「マウル企業」へと変更し,地域社会を基盤とする社会的企業の振興を本格的に推進することとなる。また,2010年後半に,知識経済部も「コミュニティビジネス事業」を選定し,支援する事業を行った。しかし,その後,この事業は安全行政部のマウル企業へと統合されることになる。要するに,中央政府も雇用創出の主体として基礎自治体の役割に注目し,社会的経済組織が地域社会に根を張っていることの重要性を認識し始めたと言えよう。

一方,中央政府の認識の変化と同様に2010年を契機に,地方自治体レベルでも地域の経済活性化や地域再生と関連する社会的企業に関する言説が拡散するだけでなく,深まっていくことになる。たとえば,2010年6月にあった統一地方選挙では,与野党を超えて,多くの候補者たちが社会的企業の育成を公約として提示することになる。そして,この選挙以降,全国の広域自治体と基礎自治体は社会的企業の育成に関する条例を制定し,専門部署やチームを新設するなど,地域ごとに独自の政策を遂行することとなった。たとえば,韓国の地域経済の中でもっとも影響が大きく,政治社会的な影響も大きいソウル市は,すでに,2009年5月に「ソウル市社会的企業育成に関する条例」を制定し,「ソウル市予備型社会的企業」の認定および支援事業を行っており,2011年3月にも「ソウル市自活事業支援に関する条例」を制定し,自活企業の支援制度を作った。

さらに,2011年10月には,韓国の社会的起業家としてもっとも大きな影響力を持っており,本人自身も自らの職業を「ソーシャルデザイナー」としていたパクウォンスン(박원순)氏がソウル市長に当選することで,社会的企業に関するソウル市の政策は激的に変化する。前市長とは異なり,新市長が重視した社会的企業の支援政策は,政策の方向性を個別の社会的企業に関する直接支援から社会的企業の社会的・経済的環境を育成するための間接支援へと変えることであった。そして,間接支援において重視していた政策キーワードは,小規模の地域コミュニティ,協同組合,および,「マウル共同体企業」である。言

い換えれば，小規模の地域コミュニティに根ざした社会的企業が重要であり，そのような社会的企業として発展していくためには，協同組合の組織原理が不可欠であると考えたのである。このような認識の背景には，パク市長の著書や新聞記事からも推察できるように，地域コミュニティに根を張った市民社会組織の活動があまりにも不足しているという問題意識が存在していたであろう。EMESネットワークが強調していた問題意識，すなわち，地域コミュニティに根を張った社会的企業こそ，多元的経済組織としてのバランスを保つことができ，アドボカシー的な問題解決や市場的な問題解決のみならず，コミュニティによる解決などの多元的目標の達成が可能であるという考えが，ソウル市のマウル共同体政策と社会的経済政策に反映されるようになったのである。

　そこでソウル市は，雇用労働部とは異なるタイプの間接的な支援制度をデザインした。すなわち，小規模の地域コミュニティに基づく社会的経済エコシステム（いわゆる「マウル経済エコシステム」）の形成を重視しつつ，マウル経済エコシステムより大きい自治区単位の社会的経済エコシステムづくりの形成に制度的資本を集中的に投入することにしたのである。たとえば2012年には，「マウル共同体企業」が先導する地域共同体を活性化するための制度的基盤として「ソウル市マウル共同体の支援などに関する条例」を制定し，この条例を根拠に官民の協働による中間支援組織である「マウル共同体総合支援センター」を設立し，運営することとなる。また，同年1月には，全国ではじめて，社会的経済の担当部署である「社会的経済課」を設置し，2013年4月には官民協働による中間支援組織である「ソウル市社会的経済支援センター」を設置し，自治区単位の社会的経済の基盤造成を図ることになる。なお，2014年には，社会的企業，協同組合，マウル企業，自活企業などの社会的経済組織の活性化を目的とする「ソウル市社会的経済基本条例」を制定する。その結果，2014年3月現在，ソウル市の社会的経済組織は，社会的企業394社，協同組合1194団体，マウル企業110社の規模にまで成長している。

　一方，2012年1月には「協同組合基本法」が制定され，「既存の8本の個別法に含まれず，また商法による会社の設立が難しい場合，生産者・消費者中心の協同組合として経済的な活動を可能にする」こととなり，さらに社会的企業

の理念的なモデルに近い「社会的協同組合」が設立できるようになる。この制度の施行によって，自活支援事業など既に公益的な役割を遂行する4000あまりの協同組合志向団体に法人格を与える道が開かれると期待されていた。また，この法律は，社会的協同組合でない協同組合の場合，5人以上であれば，協同組合の法人格を取得することができるようにしたので，より多くの人々が社会的経済へ参入できる道を広げたと言える。

2011年以降，ソウル市をはじめ，一部の地方自治体を中心に，社会的企業と関連する活動と政策が「社会的経済」へと収斂する現象が拡散している。(認証・予備）社会的企業，マウル企業，マウル共同体企業，自活企業，基本法協同組合など，社会的経済組織が多様化し，制度的に社会的企業育成法と協同組合基本法が共存することとなり，社会的経済組織と関連する活動と政策を社会的経済へと収斂することの必要性を議論する動きが強まったのである。たとえば，ソウル市，全羅北道，京畿道などでは，民間を中心に「社会的経済ネットワーク」が自発的に組織化され，忠清南道やソウル特別市などの広域自治体や基礎自治体においては，「社会的経済」に関する専門部署を設置し，各種の社会的経済組織に関する支援政策を統合する事例が増え続けている。

また，政府の社会的企業の支援政策は，雇用労働部が中心となっていたが，2010年以降は，他省庁に拡散するようになり，社会的企業やその他の社会的経済組織を育成するための政策の種類が増えたことは，社会的経済という概念が登場する理由の1つになっていた。多様なタイプの社会的経済組織が多角的に拡散していくにつれて，多種多様な社会的経済組織を包括する理論的概念が必要となり，その代案として欧州の社会的経済という用語が登場することになったのである。こうして，2011年以降は，社会的経済という概念は政策的用語として定着していくことになったのである。

Ⅲ　社会的企業の展望と社会的企業エコシステム

1　国家と市民社会の相互作用のあり方

これまでの考察から，韓国における社会的企業の登場は，1997年の通貨危機

と密接に関連していることがわかる。経済危機により，社会保障に関する中長期的な政策を作る必要性が高まり，突如，失業者になってしまった100万人以上の人々に仕事を提供しなければならない社会問題に対して，政府と市民社会だけでなく，営利企業までもが対応せざるをえない状況が生じたのである。

　このような社会的な変化が，社会的企業の登場と成長に密接に関連できるようになった理由を説明する際に，2つの要因がもっとも重要であったと言えよう。その1つの要因は，通貨危機と同時期に，韓国の歴史上はじめて，与野党間の政権交代が起きたことである。しかも，韓国の歴史上はじめて，リベラルで進歩的な政府がキムデジュン政権（1998年～2003年）によって誕生し，その次のノムヒョン政権（2003年～2008年）もリベラルで進歩的な政権であったので，1998年からの10年間は，韓国社会において，福祉に関する言説と政策が政治と市民社会の公共空間で本格的に議論される時期であったと言えよう。福祉国家の到来をめぐる法律と制度についての言説がリベラルで進歩的なグループによって拡散したことは，通貨危機に対する対応策として社会的企業や社会的経済の概念が紹介され，韓国社会に積極的に取り入れられる政治的環境となっていたと言える。このような理解は，社会的企業の重要な源泉となっていた自活企業が，2000年に，キムデジュン政権により成立した国民基礎生活保護法の施行によって遂行された事業であり，もう1つの源泉である社会的就労事業の政策がノムヒョン政権下で行われていたことからも例証できるであろう。

　もう1つの要因は，1987年の民主化以降，アドボカシー活動を中心とする市民社会組織が急速に発展し，1990年代の後半からは地域コミュニティに根を張り，住民の社会的，政治的な生活様式を変え，経済的な生活の質を向上させるための草の根型の市民社会組織（当時，新社会運動という言説によって影響された市民社会組織）が発展し始めたことである。[49]このことは，政府側からすれば，政府の福祉政策に対する社会的・政治的正当性を確保するための資源が増えていたことを意味し，政府の福祉政策を実行する際に動員可能な市民社会の資源が増大していたことを意味するであろう。上述したように，実際，キムデジュン政権における自活支援事業やノムヒョン政権における社会的就労事業の有効性は，市民社会組織の資源を動員できたからこそ担保されたと言えよう。この

体験は，市民社会組織が国家の事業に本格的に参入したはじめての機会であり，これを契機に，アドボカシー活動だけでなく，地域コミュニティに根ざした市民社会組織の活動も徐々に広がり，地域社会を基盤とする市民社会組織間のネットワークも形成できるようになったのであろう。

　1987年以降の市民社会の成長と，2000年以降の市民社会と政府とのガバナンス体制を基盤とする地域市民社会組織の成長は，2007年の社会的企業育成法によって認証される社会的企業が政府の下請け機関として転落することを防ぐ基盤の1つになっていた。市民社会組織は，自らの役割が社会的弱者に対する雇用創出や社会サービスの提供という政府の公共政策の道具になってしまうことに満足していなかったのである。市民社会組織の中には，第4章で述べるように，社会的弱者に雇用の機会を提供することなどによる社会統合のみならず，地域社会を拠点としながら社会的弱者のエンパワーメントを通して社会的包摂を可能にする新しい経済と社会のあり方を模索し，実験していたのである。[50]

　このような文脈からすれば，2011年に登場したパクソウル市長の登場は大きな意味を持っていることが理解できる。というのは，パク市長による「マウル共同体（小規模のコミュニティ形成）政策」と「社会的経済エコシステム政策」の融合は，国家の企画による社会的企業の成長のみならず，市民社会の成長と一緒に発展する社会的企業と社会的経済エコシステムの成長を可能にしたからである。パク市長による2つの政策の融合は，協同組合の組織原理に基づいた，ハイブリッド組織としての社会的企業の基盤として地域社会を共同体的かつ社会経済的に組織化することに焦点を置いたものであったと言える。この戦略は，二重の意味で重要である。すなわち，一方では，地域社会を基盤とする社会的企業の経済活動を通して地域市民社会に基礎を置くコミュニティの経済的力量を強化し，他方では，地域社会を基盤とする小規模のコミュニティ（マウル共同体）を強化することによってセクター間の関係性としての社会的企業のハイブリッド性を発揮できるようにし，さらに，その結果としての地域全体の統合的な再生を通じて，社会的企業の社会的有用性と社会的企業と行政とのパートナーシップの政治的有効性を住民や政治家に対して立証できるからである。したがって，このような戦略は，国家による社会的経済エコシステムの形成戦略

とは違うもう1つの戦略，すなわち，地域コミュニティと地域市民社会組織を基盤とする社会的企業が先導するような形で，地域社会を基盤とする社会的経済エコシステムを形成していく，もう1つの道を示したものであると言えよう。この点については，次の第4章で詳細に考察することにしたい。

2 福祉国家の到来と社会的企業

　上述したように，1997年の通貨危機は，韓国社会において，福祉政策に対するイデオロギー的なバイアスを取り除く契機となった。福祉という言葉は，韓国社会においては，北朝鮮に親和的な政治グループの専有物として見なされていたが，通貨危機による失業と貧困への対策を模索する過程でそのような政治文化に亀裂が生じたのである。そのような意味からすれば，リベラルで進歩的な政権と市民社会組織が協調して立法化した「国民基礎生活保護法」[51]は，その制定後，雇用や福祉政策が社会的企業の登場に影響を及ぼす制度環境の変化を引き起したという点で非常に重要な意味を持っていたと言える。

　このような文脈からすれば，欧米で出現した社会的企業や社会的経済の多様な現象は，国家の機能的縮小に対して市民社会が対応する形で成長したものであったが，韓国の社会的企業と社会的経済の発展は，欧米とは反対の方向で行われてきたことがわかる。すなわち，韓国では，欧州と違い，福祉縮小や国家の機能的縮小によって行われた民営化戦略の弱点を補完し代替するために社会的企業が発展してきたのではなく，福祉サービスを「拡大」するための政策と関連する政治的な批判を最小化するために，社会的企業を政策手段として重視するようになったのである。このことは，韓国の社会的企業の類型の中で「労働統合型社会的企業」が圧倒的に多く，反面「社会サービス提供型社会的企業」の割合が少なくなっている状況の背景となっていると言える。したがって，韓国政府の立場からすれば，社会的企業はソーシャル・イノベーション（社会的革新）のエージェントであるよりも，社会的弱者に対する雇用の創出と社会的サービスの提供という政策目標を遂行する新しいエージェントであったであろう。社会的企業育成法が社会全体における幅広い合意のプロセスを経ずに，雇用労働部が主導して速いスピードで制定されたのはそのためであろう。[52]

それにもかかわらず，韓国の社会的企業は，短期間で1970年代，1980年代の高度経済成長期と同様に急成長し，さらにその多様な社会的価値を立証することで，現在は社会的経済の制度化が国会で議論できるほど，社会的企業に対する社会的・政治的関心を大いに高めてきた。もちろん，労働統合型社会的企業は量的な成長を成し遂げたとは言えるが，欧州と比べれば，その規模はいまだに極めて小さい。また，ハイブリッド組織としての社会的企業の潜在能力も2010年以降になってから注目され，その可能性を広げるための政策努力も2年程度しか行われていないので，その実績も一部の先進地域に限定されている。しかしながら，韓国の社会的企業の成長可能性は極めて高いと言える。というのは，韓国の社会的企業は，福祉システムの改編という観点からすれば，福祉サービスを拡大させる追い風の影響を受けることとなるがゆえに，その成長潜在力は高いと考えられるからである。もちろん，韓国の今後の福祉体制はいまだに国民的な合意を得たモデルを確保していないので，社会的企業の発展がどのようになっていくのかは未知数である。しかし，どのような福祉体制のモデルになろうが，今後，社会保険制度が成熟し，社会サービスの供給拡大が進められるのであれば，社会的企業が営利部門と競争し，その過程において自らの存在意義を証明するのは社会的企業の成長において重要な要素であろう。まさにこの点が，韓国の社会的経済が大きな成長潜在力を保っていると判断している理由である。[53]

3　ハイブリッド組織としての社会的企業の成長要因

これまで韓国の社会的企業の発展過程について，制度変化による国家と社会的企業の相互作用のあり方という観点から考察してきた。最後に，ハイブリッド組織としての社会的企業の成長要因がどこにあるのかを論じるに先立って，これまでの考察をノース（North, P. C.）の制度理論の観点からまとめてみよう。

これまでの考察から，1990年代末以降の韓国の社会的企業と社会的経済組織の成長は，「社会的企業や社会的経済組織の急成長と社会的経済に対する認識の拡大」という表現で象徴的に説明できると考えられる。社会的企業と社会的経済組織の急成長に影響を及ぼした決定的な要素は，1997年の通貨危機という

社会的変化であった。そして，どのような社会的企業と社会的経済組織が成長し，そのような事業体がどのように成長することになるかに影響を及ぼした主な制度は，2000年に施行した「国民基礎生活保障法」と2007年に施行した「社会的企業育成法」であったと言える。というのは，前者の法律は，国家が自らの責務として雇用および貧困問題の解決と関連する福祉および社会サービスを増加させるようにしたことで，市民社会組織が自らのアイデンティティを社会的企業や社会的経済組織へと転換するインセンティブを提供し，社会的企業と社会的経済組織が成長できる潜在力と活動領域の幅を拡大したからである。後者の法律は，市民社会組織が多様な類型の社会的企業や社会的経済組織の中で労働統合型社会的企業や社会的経済組織へと転換するインセンティブを提供し，社会的企業および社会的経済組織と行政とのガバナンスのあり方を内容づける「社会的経済エコシステム」という概念への認識拡大をもたらしたからである。社会的企業育成法は，行政（中央政府および地方自治体）と市民社会に対してその法律と関連する利害関係を形成していた。そして，そのような利害関係が短期間で大きくなっていくにつれて，利害関係の当事者を中心に社会的企業の社会的有用性や政策手段としての社会的企業の有効性を正当化する言説が活性化することとなり，その結果として，「協同組合基本法」が制定され，さらに今日においては「社会的経済基本法」までもが議論されるようになったと考えられる。しかしながら，韓国における社会的企業と社会的経済組織の規模は，欧州やアメリカと比べ，いまだに非常に小さい。したがって，上述した2007年以降の「社会的企業の劇的な成長」という表現は，実態を表す言葉ではなく，社会的企業と社会的経済組織の「可能性」の世界に関する言説の活性化に限られるという条件において適合したものであると言える。

　それでは，社会的企業育成法に基づく制度の漸進的な変化のエージェントとなった組織は何であったのか。それは，これまでの考察から明らかになっているように，社会的企業であったと言えよう。社会的企業は，国家の企画と影響力による成長の道だけでなく，自発的に多様な活動領域で参入し自らの事業内容の範囲を拡大することで，自らの持続可能な発展の基盤となる制度環境の変化を導くことができたからである。そして，その制度環境の変化の方向性を検

討していく上で，社会的企業が地域社会の戦略的な意味を徐々に理解できるようになったことは重要な意味を持っていた。ここで，ハイブリッド組織としての社会的企業の成長動力がどこにあるのかという問題の回答が見えてくる。多元的目標，多元的経済，マルチ・ステークホルダーの組織として特徴づけられる社会的企業のハイブリッド性の社会的有用性の基盤となるのは，欧州と同様に，韓国においても，地域社会である。すなわち，欧州や日本と同様に，韓国の社会的企業においても，地域社会の戦略的「重要性」は高いに違いない。しかし，その戦略的「意味」は，欧州や日本とは違うのである。というのは，韓国の地域社会においては，地域コミュニティを基盤とする市民社会組織や社会的経済組織の力量が非常に脆弱であるからである。したがって，韓国の社会的企業における大きな課題は，豊かなソーシャル・キャピタルが蓄積されている地域社会をイノベーションすることではなく，地域社会に埋め込まれている少量のソーシャル・キャピタルを掘り起こして地域市民社会を共同体的に組織化することであろう。すなわち，韓国の社会的企業に求められているのは，地域市民社会に基礎をおくソーシャルイノベーションではなく，そのようなソーシャルイノベーションの基盤となる地域市民社会を小規模のコミュニティを中心に形成することであろう。

　このような文脈からすれば，韓国の社会的企業エコシステムの成長要因は，地方自治体と社会的企業のガバナンス体制にあると考えられる。地方自治体と社会的企業のガバナンス体制は，両方にとって，次のような意味で有効であろう。すなわち，まず，社会的企業の立場からすれば，行政が持っている多様な制度的資本は，地域社会を基盤とするコミュニティ形成の重要な要因であるソーシャル・キャピタルを掘り起こすための「呼び水」としての機能を持っている。また行政の制度的資本は，社会的企業とその他の社会的経済組織や市民社会組織や営利企業などとの間に存在するソーシャル・キャピタルを掘り起こし，多種多様な組織や企業間の協調を促す「潤滑油」としての機能を持っている。次に，行政の立場からすれば，自らのパートナーシップの相手である社会的企業が有する資源を官民ガバナンスにおいてより有効的に活用するためには，社会的企業が地域コミュニティやその他の社会的経済組織および市民社会

組織との間に存在する豊かなソーシャル・キャピタルを構築していることが望ましい。しかも、そのようなソーシャル・キャピタルは、行政の立場からすれば、社会的企業とのガバナンス体制の有効性だけでなく、行政による様々な政策の有効性をも高める機能を持っている。したがって、ソーシャル・キャピタルの形成は、公共政策の前提ではなく、目標となるはずであるが、当然のことながら、そのような力量は行政よりは社会的企業の方がはるかに高いレベルに達している。このような意味で、地域コミュニティでソーシャル・キャピタルを掘り起こすための呼び水あるいは地域の多種多様な組織間の協調を促す潤滑油としての機能を持っている制度的資源を社会的企業に提供する政策が求められていると言えよう。社会的企業と行政とのガバナンス体制が持っている重要性については、次の第4章で詳細に検討することにしたい。

1) Jacques Defourny and Marthe Nyssens. "Conceptions of Social Enterprise and Social Entrepreneurship in Europe and the United States: Convergences and Divergences. *Journal of Social Entrepreneurship*, 1 (1), 2010.
2) Eric Bidet, Hyung-Sik Eum, "Social enterprise in South Korea: History and Diversity", *Social Enterprise Journal*, Vol. 7, No. 1, 2011.
3) C. ボルザガ・J. ドゥフルニ（編），内山哲郎・石塚秀雄・柳沢敏勝（訳）『社会的企業――雇用・福祉のEUサードセクター――』日本経済評論社，2004年（Borzaga, C. and Defourny, J., *The Emergence of social enterprise*, Routledge, 2001）。
4) Defourny and Nyssens, *op. cit.* Evers, Adalbert and Jean-Louis Laville, The Third Sector in Europe, Edward Elgar Publishing Ltd, 2004（A. エバース，J. L. アヴィル（編），内山哲郎・柳沢敏勝（訳）『欧州サードセクター――歴史・理論・政策――』日本経済評論社，2007年）。
5) Dees, J. G., "Enterprising Nonprofits", *Harvard Business Review*, vol. 76, 1 (1998).
6) ノデミョン（노대명）「韓国の社会的経済の現況と課題」『市民社会とNGO』第5券第2号，2007年。
7) Bidet, Eum, *op. cit.*, p. 82.
8) Shin-Yang, Kim, "The Dynamics of Social Enterprise in South Korea: Between Alternative and Stopgap", EMES Conferences Selected Paper Series, 2nd EMES International Conference on Social Enterprise, Trento (Italy), July 1-4, 2009, p. 3.
9) North, D. C., *Institutions, Institutional Change and Economic Performance*, Cambridge Univ. Press, 1990, pp. 3-7.（ダグラス・C. ノース，竹下公視（訳）『制度・制度変化・経済成果』晃洋書房，1994年，4-7頁）。
10) *Ibid.*, pp. 5-6（同訳書，6頁）。

11) *Ibid.*, vii（同訳書，ⅱ）。
12) *Ibid.*, p. 93-98.（同訳書，123-132頁）。
13) キムジョンウォン（김정원）「韓国の社会的経済の現況および展望」キムソンギ（김성기）他『社会的経済の理解と展望』アルケ，2014年，99頁。
14) パクジュヒ（박주희）他『2013 韓国協同組合年次報告書』韓国協同組合研究所『協同組合ネットワーク』2013年，48-49頁。
15) キムジョンウォン，前掲注13, 102-103頁。
16) キムジョンウォン，同上，114-115頁。
17) パクジュヒ他，前掲注14, 60頁。
18) キムジョンウォン，前掲注13, 116-117頁。
19) キムソンギ『社会的企業のイシューと争点』アルケ，2011年。
20) キムジョンウォン，前掲注13, 115頁。
21) シンミョンホ（신명호）「市場進入型生産共同体の競争力とその要因に関する分析」『都市研究』7，2001年；同「韓国における社会的経済概念定立のための試論」『動向と展望』第75号，2009年。
22) ソンギョンヨン（송경용）「社会的経済に対する理解と政策の現況」国会社会的経済フォーラム・相生の形成を切り開く社会的経済フォーラム，2013年，17頁。
23) キムソンギ，前掲注19, 35頁。
24) ソンギョンヨン，前掲注22, 17頁。
25) このように多様な市民社会組織によって組織された「失業克服国民運動委員会」（1998年6月）は，2003年5月まで失業総合支援センターと連携して435事業に参加し，225万の失業者に835億ウォンを提供する政府の委託機関として活動することとなる。
26) パクチャンイム（박찬임）「社会的企業の成長と政府支援——評価と新しい方向——」参加社会研究所『市民と世界』第15号，2009年，165-186頁。
27) キムジョンウォン（김정원）『社会的企業とは何か』アルケ，2009年。資料3-2でいう「次上位階層」とは，最低生活費の基準で100～120％の所得を持っている「潜在的生活保護受給者」と所得が最低生活費よりも低いものの固定財産等を持っている「非受給生活貧困者」を意味する。
28) Holliday, I. and Kwon, S., "The Korean welfare state: a paradox of expansion in an era of globalization and economic crisis", *International Journal of Social Welfare*, Vol. 16, No. 16, 2007, pp. 242-248.
29) Shin-Yang, *op. cit.*, p. 6.
30) ハンサンジン（한상진）『市場と国家を超えて——社会的企業を通した自活の展望——』ウルサン大学出版部，2005年。
31) Shin-Yang, *op. cit.*.
32) シンミョンホ（신명호）「韓国社会の新しい貧困あるいは社会的排除」『都市と貧困』第67券，2004年；ノデミョン（노대명）他『社会的就労の活性化および社会的企業の発展方策研究』保健社会研究院，2005年；ザンウォンボン（장원봉）「社会的企業の制度的同型化の危険と代案戦略」参加社会研究所『市民と世界』第15号，2009年。
33) キムスンヤン（김순양），「社会的企業認証制度の改善方策考察」『社会的企業研究』第

2券第2号，2009年。
34) Shin-Yang, *op. cit.*.
35) *Ibid.*, p. 8.
36) イヨンファン（이영환）「京畿道における社会的企業の現況および課題」2010社会的企業支援政策国際シンポジジウム，2010年7月。
37) 加藤知愛「社会的企業による雇用創造に関する研究：韓国の社会的企業育成政策を事例に」『国際広報メディア・観光学ジャーナル』第16号，2013年；キムスンヤン，前掲注31。
38) Shin-Yang, *op. cit.*, p. 6.
39) ソンギョンヨン，前掲注22。
40) ノデミョン，前掲注6；ジョンソンヒ（전성희）『社会的企業』ダウ，2004年；ジョンビョンユ（전병유）他『社会的就労の創出方策の研究』労働研究院，2003年。
41) 雇用労働部「社会的企業育成基本計画（2008〜2012）」2007年。
42) ノデミョン，前掲注6。
43) ノデミョン，同上，59-61頁。
44) シンキョンヒ（신경희），「ソウル市社会的経済事業体の連携発展方策」ソウル市市政開発研究院，2011年，4頁。
45) シンキョンヒ，同上，3頁。
46) 2013年末の基準で，韓国では110団体以上の地方自治体が社会的企業の育成条例を制定，施行しており，ソウル市とソウル市内の自治区を中心に社会的経済と関連する部署を新設するところも増え続けている。
47) シンキョンヒ，前掲注44，4頁。
48) パクウォンスン（박원순）は，ソウル市長になる前に，韓国の社会的企業のもっとも代表的な成功モデルの1つである「美しい店」を設立し，社会的起業家としてのリーダーシップを発揮していた。また「美しい財団」という組織を創立し，活動していたため，社会的金融の重要性を理解していた。さらに，社会的企業および社会的経済エコシステムのコンサルティングや政策形成を行う「希望製作所」の設立者として，地域社会を基盤とする社会的企業の社会的有用性を拡散するための活動を行っていた。
49) 羅一慶「市民社会と政治参加の日韓比較」中京大学総合政策学部『総合政策フォーラム』第3号，2008年；羅一慶「韓国市民社会の経路依存的効果」中京大学総合政策学部『総合政策フォーラム』第4号，2009年。
50) Shin-Yang, *op. cit.*, p. 4.
51) 清水敏行『韓国政治と市民社会──金大中・盧武鉉の10年──』北海道大学出版会，2011年，165-242頁。
52) Shin-Yang, *op. cit.*, p. 3.
53) キムヘウォン（김혜원）他『社会サービス分野における仕事の創出方策に関する研究』労働研究院，2005年。

第4章　住民参加型都市再生事業と社会的企業

I　地域の再発見と社会的経済の発展戦略

　社会的企業を中心とする社会的経済は，社会的企業育成法（2007年）と協同組合基本法（2012年）の施行以降，急速に発展している。しかし，この発展は，社会的経済組織の雇用効果や社会サービスの供給という側面よりは，社会的企業と社会的経済に対する関心が高くなったことと幅広い支援制度が整っていたという側面において生じているものである[1]。現在は，社会的企業やその他の社会的経済組織の経済活動を意味する社会的経済に対する関心が高い。与野党を超えて，各政党には社会的経済を取り扱う専門機構が設置され，数多くの地方自治体は社会的経済を活性化するための方策に積極的である。
　2014年には，社会的企業と協同組合などを含める社会的経済組織の制度化が模索され，議論されている。現時点で，韓国の社会的経済はどのような方向へ向かって発展すべきであろうか。この問いと関連する本章の基本的な問題意識の1つは，社会的企業の量的な成長よりも，社会的経済が現在の社会と経済にどれほど「深いレベル」で変化を引き起こすことができるかに焦点を絞るべきであるということである。このような問題意識からすれば，セクター間の肯定的な媒介組織としての社会的企業による社会と経済の構造的な変化の可能性が重要な論点になるであろう。というのは，「コミュニティ形成，サービス供給，アドボカシーといった諸機能が密接に結びついた形でなければ，本当の意味での社会的問題を解決し，ソーシャルイノベーションを引き起こすことは困難だ」[2]と考えられるからである。実際，ハイブリッド組織としての長所を活かし

つつ，ハイブリッド組織であるがゆえに直面する制度的同型化の圧力や困難を適切に処理した組織が，ヨーロッパにおいては，「社会的企業」と呼ばれるようになっており，本章でもそのような意味での社会的企業に注目した。

　もう1つの問題意識は，ハイブリッド組織としての社会的企業の可能性を最大化していくための戦略的概念としての「地域」に注目すべきだということである。言い換えれば，地域を社会的企業の社会的，政治的，経済的なインパクトを高めるための場所として捉える戦略的思考が必要であるということである。というのは，たとえば，多元的目標を有する事業体としての社会的企業の社会的正当性は地域住民の支持に基づくものであり，社会的企業の支援政策に対する政治的正当性は地方議会や首長からの支持に基づいているからである。ニッセン（Marthe Nyssens）は，欧州の事例についての考察から，地方自治体とのパートナーシップの中で社会的企業が生息可能なニッチ空間を確保していくことを重要な戦略として主張している[3]。社会的企業によって実施される事業の社会的有用性が，地域社会にとって重要な集合的利益として正当化される必要があるからである[4]。一方，地域という場所は，社会的企業を中心とする社会的経済エコシステムを実際に形成する際の「区域」および「単位」としての意味を持っているという点でも戦略的意味を有する。多元的経済の事業体としての社会的企業が動員できる資源の多くは基礎自治体に依存しており，人的資本やソーシャル・キャピタルなどの非貨幣的資本は地域住民や地域コミュニティおよび地域市民社会から動員できる部分が多いからである。

　さらに，社会的企業にとっての地域の重要性は，社会的企業の本質的特性からも導き出される。たとえば，欧州の社会的企業研究者のグループであるEMESネットワークが提示した社会的企業の5つの社会的側面には地域社会と関連する基準が2つある。まず第1に，社会的企業の目的はコミュニティへの貢献であるということであり，第2に，社会的企業の活動によって影響を受ける地域住民の参加が保障され，そのような住民の参加によって生み出される共同の活力を重視しているということである[5]。こうした傾向は，とりわけイギリスの社会的企業において多く見られる。イギリスは，社会的企業と類似した概念として，すでに1970年代後半，「コミュニティビジネス」という用語を使

用していたが，このモデルを活用した日本では，1994年からコミュニティビジネスという用語が使用されることとなる。また，イギリスでは，社会的企業の定義を幅広く捉え，2005年には社会的企業の類型の1つとして「地域共同体会社」(community interest company) を法制化し，支援している。

　一方，欧州の代表的な社会的企業の類型は，脆弱階層を対象とする労働統合型社会的企業，社会サービス提供型社会的企業と言われているが，これらの社会的企業もその活動の属性上，地域社会を基盤として行われることが多い。たとえば，保育や老人介護という社会サービスは地域社会の中で需要と供給のバランスが取られているという点で，地域社会と密接な関連性がある。また，障害などを抱える脆弱階層に対する労働統合型社会的企業も，当然のことながら，脆弱階層が住んでいる地域社会を中心に行われている[6]。

　これまでの考察から，社会的企業の基本的な動機は，地域社会に根を張り，雇用，社会サービスの供給，社会的排除などの社会問題を解決しつつ，地域コミュニティに貢献しようとするところにあると言えよう。そのような動機が胎動する主な源泉は地域社会であり，そのような活動が具体的に行われている主な舞台も地域社会である。したがって，社会的経済組織が政府の政策道具として転落せずに社会の深層レベルでの変化を可能にするためには，社会的経済の基盤となる地域市民社会と密接に結びついていることが極めて重要であろう。

　上記2つの問題意識からすれば，社会的経済の制度化の方向性にとって1つの指針になるのは，社会的企業を中心とする社会的経済エコシステムを地域社会に構築するための戦略を樹立することであろう[7]。ここで，地域社会の諸アクターに制度環境を与える基礎自治体レベルの地方政府の役割が非常に重要である。基礎自治体が社会的企業のどのような特徴や役割を重視するのかが，社会的企業と地域社会の発展との関係のあり方に大きな影響を与えるからである。

　本章の目的は，ハイブリッド組織としての社会的企業という分析枠組みに基づいて，地域社会を基盤とする社会的企業の発展を展望することである。その際に，地域社会において，社会的企業の基盤となる多元的な経済をいかに確立するのかということが，重要な課題になるだろう。そこには，行政とのパートナーシップのあり方，地域住民や地域コミュニティとの協力のあり方，また，

互酬性といった要素を含んだ連帯的な経済関係を地域市民社会の中でいかにして作っていくかということ，さらに，それらを基盤として，社会的企業の社会的価値を制度環境において，どのように埋め込んでいけるかといったことが重要なテーマになってくる。

そこで本章では，まず，社会的企業の社会的・経済的・政治的波及効果を説明するために，社会的企業におけるハイブリッド性を，セクター間の関係性として捉え，そのような特性を考察することにしたい。次いで，ソウル市の城北区と恩平区における「住民参加型地域再生政策」の事例を考察し，ハイブリッド組織としての社会的企業の可能性を考察する。最後の結論では，地方自治体が社会的企業のいかなる特徴に注目すべきであり，どのような支援体制でいかなる政策を実行すべきであるかを議論することにしたい。

II　セクター間の肯定的な媒介組織としての社会的企業と地域再生

韓国において社会的企業は，脆弱階層に対する雇用創出の機能と社会サービス提供の機能を持った事業体として注目されているが，欧州においては，社会的に排除された人々が直面する様々な困難を解決する機能がより重視されている。欧州においては，貧困に代わり社会的排除が社会政策上の転換を説明する概念として用いられるようになったからである。そこで，社会的企業に期待されているのは，当事者の社会参加を促す包摂機能である[8]。それは，給付行政に象徴される事後的な福祉救済ではなく，社会的に排除された人々が社会に再統合される過程において，社会問題発生の予防から問題当事者の潜在能力の発揮に至る一連の回復プロセスを重視した取り組みである。社会的企業は，こうした機能を有すると考えられるがゆえに，欧州において社会政策上の「新たな担い手」として注目され，法人格の付与や公的資金の投入がなされてきているのである[9]。

社会的排除における問題の複合性を前提として考えた時，藤井敦史が指摘しているように，「問題を抱えた当事者を軸にして，彼らの尊厳が承認されるエ

ンパワーメントの拠点としてのコミュニティは重要な意味を持つ。こうしたコミュニティがなければ，社会的企業は，当事者に寄り添いながら学習し，彼らの潜在的なニーズや能力を掘り起こして，多様なエンパワーメントのプロセスを支えるイノベーティブな事業を起こすことはできないからである[10]」。そして，このようなコミュニティは，地域という場所性に基づいている場合，その持続可能性が高まることとなる。というのは，社会的に排除された人々の居場所としてのコミュニティにおける重要な資源は，地域社会に埋め込まれているソーシャル・キャピタルであり，そのようなキャピタルによって動員できる一連の経済的，社会的資源はコミュニティの持続可能性と地域社会への社会的統合を促す基盤となっているからである。

地域再生における社会的企業の機能，あるいは，社会的企業における地域社会の意味を考察する際に，EMES ネットワークが社会的企業におけるハイブリッド構造をセクター間の関係性としても捉えたアプローチは，分析的に重要な意味を持つ。この場合のハイブリッドとは，「社会的企業が，コミュニティと市場と政府の媒介領域に存在し，市場的なアプローチだけでなく，コミュニティを基盤としたアプローチと政治的なアプローチを兼ね備え，これらを密接に結びつけることによって課題解決を図ろうという意味でのハイブリッド性をさす[11]」。言い換えれば，コミュニティ形成を通した問題解決，市場におけるサービス供給を通した問題解決，政策提言やパートナーシップに伴う政治的問題解決，これらの機能をミックスさせたところに，ハイブリッド組織としての社会的企業の「可能性」があるという捉え方である[12]。

このようなアプローチから示唆される重要な論点の1つは，社会的企業がそれぞれのセクターとのバランスのとれた関係性を志向することが，結果として組織の持続可能性を高めると同時に，社会的企業と政府，市場（営利企業），コミュニティとの間の相互作用の相乗効果をもたらし，地域社会全体の課題解決力の向上にも寄与できるようになるということである。もう1つの論点となるのは，社会的企業がそのような特性を発揮しながら発展できるかどうかは，政府やコミュニティとのパートナーシップのあり方に大きく左右されるということである[13]。社会的企業のハイブリッド性の概念を用いることで，地域再生政策

における社会的企業の役割についての分析の焦点は，こうしたハイブリッドな性格が有する潜在的な可能性をどのように発揮させるのが最善であるのか，という点であろう。このような意味からすれば，第Ⅳ節と第Ⅴ節で述べることになるが，ソウル市やソウル市内の自治区によるマウル共同体政策と社会的企業支援政策の結合による住民参加型地域再生政策は，社会的企業固有の特性であるハイブリッド化を促し，社会的企業の行政やコミュニティとのパートナーシップを活性化することで，地域の統合的なイノベーションを行うための政策であったと言えよう。

Ⅲ ソウル市の住民参加型地域再生政策と社会的経済エコシステム

1 地域コミュニティの再発見

韓国においても，社会的企業は，市民社会組織からその駆動力を引き出しながら，さまざまな法人格のもとで活動している。1987年の民主化宣言以降の市民社会の成長は，社会的企業が成長する重要な要因の1つであった。しかしながら，第3章で検討したように，韓国の社会的企業はそのエネルギーの基盤である市民社会から動員可能な資源が欧州ほど豊かではなかった。たしかに，アドボカシー型の市民運動の政治的な影響力は非常に強く，社会的企業の源泉となった自活企業の法的根拠となる「国民基礎生活保護法」の立法にも大きな影響を及ぼしていた。[14] しかし，「市民なき市民運動」と揶揄されたように，地域社会のコミュニティを基盤とする市民運動の勢力は非常に脆弱であり，市民社会組織が地域社会を基盤とするソーシャル・キャピタルの醸成とコミュニティの形成に大きな貢献を行っていたとは言えないであろう。[15] 市民社会組織の「政治的」な影響力と比べて，市民の生活の質を高めたり，相互扶助的な関係網としての地域コミュニティの活性化などの「社会的」な影響力を高めたりすることはなかったのである。国家が主導する社会的企業や社会的経済に関する市民社会側の受動的な対応については，「市民社会が動員可能な資源が豊かでないということも1つの原因であった」[16] と言えよう。

一方，2000年代後半になってから，社会的企業は，経済危機，人々の社会的絆の希薄化，福祉国家の困難を背景として，新しい市民社会あるいは「リニューアルされた市民社会」を多様な方法で表現する組織として見なされつつある。[17] 地域市民社会にとって，社会的企業は地域市民社会を活性化する新しい原理および戦略として見なす動きが拡散しているからである。すなわち，地域市民社会にとって，社会的企業は，地域市民社会の経済的側面を活性化することで，コミュニティを形成・活性化し，地域住民をエンパワーメントし，新しい生き方を可能にする潜在力を持っている組織として見られているのである。また，2010年以降には，地方自治体の中にも社会的包摂機能を有する社会的企業に注目する自治体が増えている。そのような社会的企業の活動は，当然のことながら，とりわけ社会的に排除された人々の居場所としてのコミュニティづくりや社会問題の当事者のエンパワーメントに積極的であろう。社会的企業による地方圏における市民社会の再活性化は，都市再生のような，より広範囲に及ぶ問題解決の起点ともなってくる。というのは，社会的企業によって市民参加が活性化することとなり，その参加が有する社会的経済的な側面が復活するからである。つまり，問題の当事者達による直接的な参加やボランタリー労働，アソシエーションの設立によるサービス開発といった多様な形態の日常的な市民参加によって，市民社会の互恵的な経済関係などの社会経済的側面が復活したのである。[18]

　これまでの考察から推察できるのは，地域市民社会組織にとっても，地方自治体にとっても，社会的企業は，社会問題を解決するための新しい原理および戦略を示すものであると見なされる傾向が強くなっていることである。こうした傾向は，韓国の代表的な社会的起業家であったパクウォンスン（박원순）氏が2011年10月のソウル市長補欠選挙で当選したことで加速することとなる。彼の当選によって，社会的企業や社会的経済に関する政策が重視されることは，当然のことながら予想されていたが，彼はもう１つの重要な施策として，都市の人々から長い間忘れられていた「マウル共同体（近隣地域を基盤とするコミュニティ）」政策をソウル市の目玉政策として打ち上げたのである。

　このような現象について，ジョンソック（정석）は２つの観点から捉えている。

1つは，全面撤去型の再開発の代案としての「まちづくり」であり，もう1つは複雑に絡み合っている都市問題の解決策としての「地域コミュニティ」の意義である。

　まず再開発の代案としてのまちづくり政策であるが，2001年，ソウル市はソウル市の「北村」を対象として，全面撤去方式の再開発の代わりに，伝統家屋を保存し，小道の環境を改善する事業を中心にまちづくり事業の実験を行った。その結果，現在は国内外の観光客が訪れる観光名所となっている。この事業がある程度進展し，定着していく時期から，ソウル市は2番目のまちづくり事業を行うこととなる。それは，単独住宅地域をマンション建設により再開発せずに，地域住民と一緒にまちの計画を立て，住宅を改修し，垣根を壊して小道を改善しようとする「住みやすいまちづくり型地区単位計画モデル事業」である。この事業はその後，「ソウルヒューマンタウン事業」へと名称が変わり，2011年末には，都市および住居環境整備法の改正によって「居住環境管理事業」へと発展することとなる。これによって，住民参加型地域再生事業は，単独住宅地区から多世帯住宅の密集地域へと拡散した。

　韓国の代表的な社会的起業家であったパク氏が市長に当選してから，「マウル共同体（小規模の地域共同体）[19]」と「社会的企業」および「マウル共同体企業（小規模の地域コミュニティを基盤とする社会的経済組織）」などの社会的経済組織は，ソウル市政の核心的な政策課題となる。パク市長は，社会的起業家として活躍していた時期である2009年から2011年まで，すでに『マウルで希望と出会う』[20] (2009年)，『マウルが学校である』[21] (2010年)，『マウル会社（コミュニティビジネスなど小規模の地域単位の社会的経済組織）』[22] (2011年) など，「マウル共同体」や「マウル共同体企業」と関連する本を10冊以上出版していた。また，ソウル市長になる前に常務理事を務めていた「希望製作所」では，2007年にその研究所の中に「小さな企業発電所」や「コミュニティビジネス研究所」を設置し，地域の資源を活かした社会的企業の実験を行っていたのである。彼は，地域経済を生き返らせるために活動している草の根の起業家たちと会ってから，私は地域の郷土的資産を掘り起こしそれを基礎とする事業こそが，地域経済の強い支柱であり，それが同時に地域の雇用創出，小規模地域共同体の形成，地域福祉の根

第4章　住民参加型都市再生事業と社会的企業

幹であるということに気づかされたと述べている。このように，小規模の地域社会に埋め込まれている資源とそれを基盤とする地域共同体の可能性について確信を持っていたからこそ，都市再生の計画においても，住民参加型地域再生の草の根の基盤である「マウル共同体」と「マウル共同体企業」を意識的に形成することで，それを都市開発の当事者である住民が主導できる形で都市再生の事業を推進していくための社会的基盤として位置づけたのである。

　また，パク市長の登場以降，「マウル共同体」と「マウル共同体企業」などの社会的経済組織は，都市問題と社会的排除問題の解決策としても注目されることになった。青年失業者の増加，外国人労働者の社会的排除の問題，多文化家庭の地域社会への適応，独居老人の増加，孤独死の増加，児童や女性などの社会的弱者に対する犯罪の増加，世界最高の自殺率など，さまざまな社会問題の発生がマウル共同体の解体と深く関連づけられているからである。新ソウル市長とマウル共同体に関連する専門家たちは，都市問題と社会的排除問題は，「マウル共同体の観点から見る時にその全貌がより鮮明に見られ，マウル共同体の観点から解決策を模索した時により効果的な政策が導き出される」[23]と考えた。パクソウル市長にとって，地域コミュニティ（とそれを基盤とする社会的経済組織）は「（社会）問題の本質とそれを解決する代案を供給する源泉」[24]であったのである。

　それでは，どのようにすれば，都市問題や社会的排除問題の発生を減少させることができるのであろうか。都市問題や社会的排除問題を解決できるもっとも良い方法は，ジョンソックが強調するように，「そのような問題が起きないようにすること」である。というのは，「問題が生じる余地をなくすことが発生してしまった問題と戦うことよりも効果的である」[25]からである。ソウル市にとって，小規模の地域コミュニティは，そのような政策の方向性を具体化するキーワードであった。そこでソウル市は，まず，住民同士の共有空間を改善し，管理でき，住民同士の互恵的関係網を生き返らせること，すなわち，小規模の地域コミュニティを回復させることが重要であるという政策的判断を行う。そして，そのような小規模の地域コミュニティを基盤としながら，それを管理し，持続的に発展させていく住民の自発的な社会的経済組織として「マウル共同体

企業」を発展させるべきであるという政策的判断を行うこととなる[26]。生活に必要な多様な欲求やニーズをすべて市場で住民個々が個別的に解決することよりは，マウルの互恵的関係網とそれを基盤とする社会的経済組織を通して解決できるものは，そのように充足できるようにすべきだと考えたのである[27]。

　雇用労働部など中央政府の社会的経済組織の主な目的が雇用の創出であったならば，ソウル市の「マウル共同体企業」は，地域における互恵的関係網の創出，管理および発展が主な目的である。たとえば，安全行政部によれば，社会的経済組織の1つである「マウル企業」とは，「地域住民が主導して地域の各種資源を活用して安定的な所得および雇用を創出するマウル（近隣地域）単位の企業」であると定義されている。安全行政部のマウル企業概念は，日本からの「地方におけるコミュニティビジネス」という政策に影響されており，したがってそのマウル企業の特徴は「地域固有の郷土農産物や文化的資源を特化して地域経済の活性化を図っていること」にあった。すなわち，安全行政部のマウル企業は地域住民の安定的所得と雇用創出という地域の経済的活性化が主な目的であった。一方，ソウル市のマウル共同体企業は安全行政部の「マウル企業」とは異なる組織運営の原理を強調する。ソウル市によれば，「マウル共同体企業」とは「住民の自発的な参加と協同的関係網に基づいて住民の欲求と地域の問題を解決し，マウル共同体の価値と哲学を実現するマウル（近隣地域）単位の企業であり，協同組合の原理で運営される社会的経済組織[28]」である。ソウル市は，協同組合の原理こそが，住民が自らの力で小規模の共同体を形成し，それを基盤とする社会的経済組織を運営できるもっとも有効な組織原理であると考えたのである[29]。また，マウル企業と言わずにマウル共同体企業という新しい概念を使っていることからも推察されるように，ソウル市のマウル共同体企業は，生活上の欲求と困難を住民自らが共同で解決するための互恵的関係網の構築の意義を重視している。住民同士の互恵的関係網は，社会的経済組織を生み出し発展させる重要な基盤の1つになるだけでなく，障害者の社会的統合，孤独死，自殺，犯罪などの社会的問題を解決する機能をも持っていると考えたからである。

　また，ソウル市にとってマウル共同体企業に関する政策は，マウル共同体と

社会的経済組織の好循環こそが地域の経済的活性化と地域経済の持続可能な発展を支える社会的再生の決め手であるという考えに基づいた政策手段でもあった。一方，小規模の地域を基盤とする社会的経済組織（マウル共同体企業）を創り運営する過程は，まさに，地域の潜在的資源を掘り起こし，互恵的関係網を作り上げる過程であるので，それ自体がマウル共同体であると考えられたのである。[30] このような意味で，ソウル市のマウル共同体企業は，安全行政部がマウル企業の効果として地域の経済活性化を期待していた政策目標とは異なっていたと言える。要するにソウル市は，マウル共同体企業を，社会的・経済的・政治的目標などの「多元的目標」を有する事業体であり，各セクターから資源を動員する「多元的経済」の組織であり，協同組合の原理に基づく「マルチ・ステークホルダー」組織であるという特徴を強調しており，さらに，コミュニティセクター，行政セクターおよび市場セクターを肯定的に媒介する社会的経済組織として見なしていたのである。

2　三位一体のまちづくりによる地域再生

　パク市政にとって，住民参加型地域再生の政策は，マウル共同体政策と社会的経済エコシステムの活性化政策を融合した政策であった。社会的包摂の機能を持つ社会的企業のハイブリッド性の可能性を最大化することで，居住環境の物理的再生に止まることなく，地域社会に埋め込まれていたソーシャル・キャピタルを掘り起こして問題当事者の居場所としての地域コミュニティを復元・活性化するのである。そして，その過程において住民や社会的弱者のための雇用を創出し，そのようなコミュニティを基盤とする社会的経済エコシステムを構築することで，地域の総合的な再生を図ろうとしたのである。以下では，ソウル市における都市再生政策を振り返りつつ，パク市長による住民参加型再生政策の内容について考察することにしたい。

　2000年代の後半になってから，住居再生や都市再生の典型的な手法であった全面撤去型のニュータウン・再開発事業の副作用が浮き彫りとなってくる。パク市長にとって，全面撤去型のニュータウン開発事業のもっとも大きな問題点は，マウル共同体（地域コミュニティ）の解体であった。マウル共同体が持って

いる歴史性と文化を「掃き出す」ような全面撤去型の開発によって，隣人を失い，友人を失い，思い出を失い，低所得者が住める住宅がなくなり，とりわけ社会的・経済的弱者に対する配慮が足りない地域が残ってしまうのである。韓国政府も2011年12月には，「都市および居住環境整備法」の改正を行い，低層居住地の維持管理のために居住環境管理事業を導入した。さらにソウル市も，2011年末にパク市長が就任してから，居住環境管理事業を積極的に位置づけをし，この事業に「社会経済的再生」と「マウル共同体」という概念を加え，「ソウル市住民参加型地域再生事業」という名称で居住環境管理事業を拡大した。その結果，2012年12月には，居住環境管理事業の対象として，再建築解除地域3ヶ所，ニュータウン残存地域4ヶ所，多世帯密集地域10ヶ所，特性化地域5ヶ所など22ヶ所の区域を指定することとなる。この政策は，パク市長の主要な都市政策である「都市整備パラダイム」の変化に対応するもので，物理的再生と社会経済的再生の統合に立脚した「マウル共同体事業（地域コミュニティ事業）」として位置づけられていた。

これまでの居住環境管理事業は，物理的環境の改善に集中していた。これに対し，住民参加型地域再生事業では，居住する生活単位別にコミュニティを形成し，住民自らが環境改善に参加し，その過程において新たな雇用を創出することを通して生活の質を高めていこうとする事業である。『ソウル市住民参加型再生事業白書』によれば，住民参加型再生事業とは，「住民が中心となり，自発的意志と参加を通して，小規模の地域コミュニティにおける物理的再生，社会的再生および地域経済の再生を行い，その過程を通して場所を中心とする居住地の再生という考え方を変え，持続的に生活できるコミュニティを形成すること」（資料4-1参照）であると定義される。そして，同白書によれば，その目的とは，空間・基盤施設の改善などを通した物理的改善と住民力量の強化，地域特性の強化に基づくコミュニティの再生（社会・文化的再生），地域コミュニティの経済力増大という経済的環境の再生が複合的に住民・専門家・コンサルタント・市民社会組織・行政の協力によって行われ，都市再生・管理を通したコミュニティ活性化を図ることである。

また，同白書によれば，ソウル市は，上記の事業に対し5つのビジョンを提

示していた。1つ目は，住民中心・場所中心・過程中心の事業推進を通して住民の自律的参加を基盤としながら，地域の資源を効果的につなぎ合わせて，コミュニティ生活を活性化することで，住民自らが主導する地域コミュニティ再生である。2つ目は，居住福祉と関連するサービスの提供を通して居住環境の質を向上し，負担可能な住宅供給を目標とすることで居住権利が保障されるまちづくりを行うことである。3つ目は，災害，火災，犯罪からの安全を確保し，老朽化した住宅と協働施設を改修・補修して地域コミュニティを復元し，安心して生活できる地域をつくることである。4つ目は，画一的な形態のマンション式の住宅から脱皮して地域固有の歴史と文化などの地域特性を活かし，人的ネットワークを構築して，特性のあるまちづくりを行うことである。最後に，人と人の関係形成を通して持続可能なコミュニティを創出し，社会，経済，文化，環境などの総合的な環境改善により，究極的には新しい雇用を創出し，地域経済を活性化するなど，経済的再生と元々居住していた住民のコミュニティの維持などの社会的再生を目標とすることである[33]。

　イジュウォン（이주원）が強調するように，マウル共同体は「生命体である。住宅は五臓六腑であり，道は血管であり，住民共同体の空間は手と足であり，マウル住民は細胞である[34]」。しかしながら，マウル共同体の活性化を伴わない物理的な環境改善のまちづくりは土木事業で終わってしまう可能性が高く，物理的環境の改善を管理し，発展させる社会的・経済的組織の形成と拡充のないマウル共同体は，持続可能な発展性を持たない可能性が高い。言い換えれば，マウル共同体を拠点とする社会的再生と経済的再生は統合的に推進されなければならないのである。

　地域再生政策にとってハイブリッド組織としての社会的企業が持つ意義は極めて重要である。地方自治体にとって，社会的企業は社会的な地域再生にとって必要なソーシャル・キャピタルを掘り起こして地域コミュニティを形成できるスキルを持っている存在だからである。また地方自治体にとって，社会的企業は地域コミュニティに埋め込まれているソーシャル・キャピタルとその他の多様な資源を混合させて，地域コミュニティの経済的側面を活かす可能性を持っている組織でもある。特に，韓国のように，地域コミュニティが脆弱な社

資料4-1 三位一体のまちづくりの概念図[35]

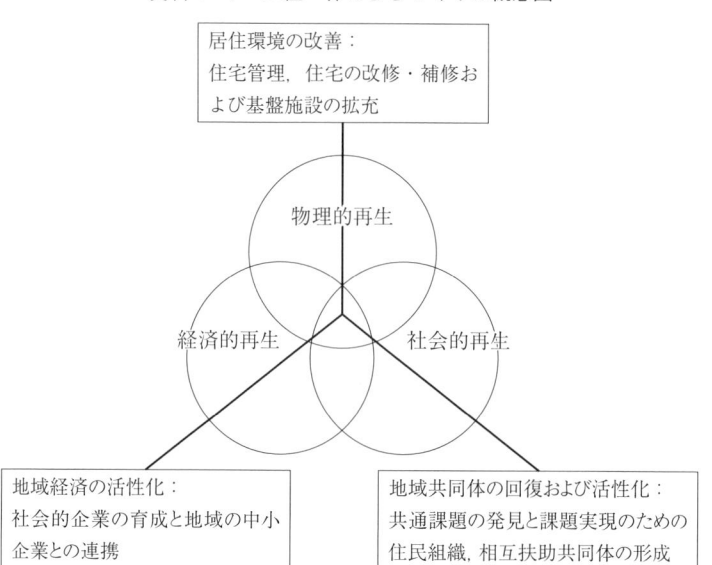

```
        ┌──────────────────────┐
        │居住環境の改善:        │
        │住宅管理，住宅の改修・補修お│
        │よび基盤施設の拡充      │
        └──────────┬───────────┘
                   │
              (物理的再生)
           ╱              ╲
     (経済的再生)      (社会的再生)
        ╱                    ╲
┌──────────────────┐   ┌──────────────────────┐
│地域経済の活性化:  │   │地域共同体の回復および活性化:│
│社会的企業の育成と地域の中小│   │共通課題の発見と課題実現のための│
│企業との連携       │   │住民組織，相互扶助共同体の形成│
└──────────────────┘   └──────────────────────┘
```

会においては，とりわけソーシャル・キャピタルは公共政策の「前提」ではなく，社会的企業を媒介とする公共政策によって生み出すべき重要な課題であり目標であった。[36] 一方，社会的企業は自らの重要な資源の1つでもあるソーシャル・キャピタルを育成し，活用するために，行政との関係は重要である。というのは，たとえば，行政から支援されるさまざまな資源は，社会的企業にとって，地域社会に埋め込まれているソーシャル・キャピタルを掘り起こす際に，「呼び水」としての機能を持っているからである。また，社会的企業が政府の民間委託事業の契約当事者に止まることではなく，地方自治体による資源の代案的な配分に積極的に介入することは，地域社会において集合的利益を生み出すという社会的企業の社会的有用性を正当化でき，地域再生における既存の国家の失敗と市場の失敗とを克服できる社会的企業固有の効率性を立証できる機会となるからである。[37]

Ⅳ　ソウル市城北区における地域市民社会と社会的企業

　現在、ソウル市の城北区および恩平区は、社会的企業が中心となり、地域コミュニティ、地域市民社会および行政との間に好循環関係を構築することで、地域の物理的再生のみならず、社会的再生と経済的再生に成功したモデル地域として脚光を浴びている。以下では、上記の2つの自治区の事例を詳細に考察することによって、ハイブリッド組織としての社会的企業の社会的有用性とその可能性を分析することにしたい。

1　住民参加型地域再生事業の背景

　まず、第1の事例はザンスウマウルと呼ばれている地域である。このマウルを漢字で書くと長寿マウルである。この名称は、地域に高齢者が多く住んでいることから名づけられたものである。このマウルはソウル市城北区サンソン洞に位置している。城北区はソウル市の東北部に位置しており、2010年現在、人口は49万7692人、20万1489世帯である。一方、ザンスウマウルには、2011年当時、167の老朽化した住宅に6111人の住民が居住し、まるで1970年代のソウル市の住宅地の風景を思い出させる雰囲気の住宅地であった。高いところに位置していたので景観は良かったが、狭い小道や階段、激しい傾斜などで生活環境は劣悪であった。地域住民は長期間居住している高齢者が半数以上で、貧困世帯や障害者など社会的弱者も多かったので、地域内には高い失業率や不安定な就労など、社会的に排除された人々が多く存在する地域であったと言えよう。

　この地域は2004年、再開発予定地域として指定された。しかし、マウルの近所に「漢洋都城」（城郭）という遺跡が存在し、それはソウル市の有形文化財として指定されていたので、開発業者にとっては事業を行いにくい地域的特性を有していた。しかも、地域の地盤が弱く、容積率も低い地域であったので、開発業者の関心を引くこともなかったのである。また、建築物の97％が老朽・不良建築物であり、国有地の無断占有による返上金を世帯ごとに1600万ウォン程度滞納していたので、住宅環境の大規模な改善や改築などは住民達の経済的

状況からすれば無理であった。さらに，この地域が開発予定区域になっていたことで，家屋の所有者が住宅の修理を控える傾向が強かったので，地域全体がますます老朽化していたのである。したがって，住民達はいつ離れるかわからないこの地域に対して愛情を持つことができず，その結果，地域社会には隣人との愛情や連帯感の代わりにゴミだけがあちこちに散乱していった。

このように社会的弱者の多い地域であり，貧しく，住み続けたいと思われない地域であったザンスウマウルであったが，現在は，マウル共同体事業の模範事例となっており，諸外国の都市専門家達がその成功の秘訣を学ぼうとする地域となっている。住民の65％以上が60歳以上であったこの地域が，住み続けたい新しい地域コミュニティとして生き返った背景には，2000年以降活動していた「居住権運動ネットワーク」と「緑色社会研究所」という市民運動組織があった。これらの運動組織が基盤となり，「隣近所大工」という社会的企業が生み出され，この社会的企業を中心に地域再生の新しいアプローチが試されることになったからである。この企業は，既存の全面撤去方式の開発ではなく，都市の代案開発に情熱を注いでいた，パクハッリョン（박학룡）氏が主導して形成された室内建築関係の事業体である。この社会的企業では，住民自らが既存の住宅や地域の共有空間や基盤施設を修理する作業に参加させ，その過程において共同体意識を回復させようとするアプローチを積極的に模索していた。

2　社会的企業と市民社会組織および地域コミュニティとのガバナンス

「隣近所大工」の設立過程を語るにあたり，城北区サンソン洞に住んでいた住民パク氏の存在は欠かせない。彼は「緑色社会研究」のメンバーであり，居住の新しいあり方を模索する「居住権運動ネットワーク」のメンバーでもあった。したがって，彼にとっては当然のことながら，再開発予定地域となったザンスウマウルの居住環境が関心の対象となっていたのである。彼は，全面撤去方式のニュータウン事業に無条件に反対するのではなく，代案を提示し，その代案に基づく成功モデルを作りたいとの思いがあったので，彼にとっては自らが住んでいるザンスウマウルが代案的な地域再生の候補地となっていたのである。そこで彼は，2008年，都市問題や居住環境と関連するその他の市民社会組

織である「都市研究所」および「人権運動サランバン（客間）」や，社会的企業である「分かち合いと未来」(社団法人)[40]などの地域団体と一緒になって，「代案開発研究会」の発足に参加することとなった。再開発地域の地域住民が地域から追い出されることなく，継続して生活できる開発方法を模索し実行するという共通目的を有する市民社会組織と社会的企業のネットワークに基づく共同プロジェクトが形成されたのである。「代案開発研究会」によって，代案的開発を目的とする橋渡し型ソーシャル・キャピタル（bridging social capital）が形成され，そのネットワークに埋め込まれた資源を掘り起こして，多様な市民社会組織がザンスウマウルの代案開発事業に本格的にかかわることになったのである。

　ここで注目すべき点は，「代案開発研究会」に参加していた社会的企業（「分かち合い未来」）の存在である。この組織の活動は，1997年の通貨危機を契機に，ホームレスのための給食事業に参加したことから始まる。その後，居住福祉活動にかかわることとなり，2006年には社団法人として組織化される。この法人は，「自活事業」に参加するだけでなく，2010年には社会的企業である「分かち合いハウジング」(2011年，認証社会的企業）を設立し，官民合資の株式会社である「ヒキガエルハウジング」(2011年，ソウル市予備型社会的企業）を設立するなど，居住福祉に関する代表的な市民社会組織の1つとなる。こうした組織化の過程から推察できるように，城北区(ソンブッ)はソウル市内の他の自治区と比べて，地域市民社会組織の活動が活性化している方であり，そのような市民社会組織からのエネルギーを活かした形の社会的企業や社会的経済組織の数も多い地域であった。「代案開発研究会」も，居住福祉事業を中心に，社会的に排除された人々の居場所としてのコミュニティを重視し，そのような人々のエンパワーメントの手段として雇用を創出することが地域再生事業をアプローチする際の軸になるべきだと考えていた。というのは，ハイブリッド組織としての社会的企業の特性を最大限に活かすのが，地域再生事業にとって重要であるということを理解していたからである。後述するが，「代案開発研究会」は地域再生政策の3つの目標を統合的に達成する上で，社会的企業が，多種多様な地域市民組織を媒介する領域に存在し，それぞれの組織が持つ長所を引き出しながら，

ポジティブなシナジーを生み出す組織として活動を持続するための組織構造を考えるようになる。

　代案開発という概念からわかるように,「代案開発研究会」は市役所や区役所と大手の建設業者が前面に出て再開発を行う方式とは異なる,新しい都市再生方式を模索していた。行政と大手業者が主導する形で一挙に地域開発を行うことになると,突如,土地の値段が高騰してしまい,すでに住んでいた地域住民が地域から追い出されることが多かったので,そのような問題を解決できる代案的な開発方式が必要だと考えていたのである。いろいろな議論を重ねた上で,代案開発研究会が決めた開発方式は,地域住民自らが開発の主体となり,住民自らが住みたいと希望する地域コミュニティを企画し,実践できる方法である。そこで,この研究会がはじめに着手したのは,地域の現況を調査することであった。次に,住民説明会などのワークショップを行うことで,住民が主導する形で住みたい地域の未来に関するマスタープランを議論することであった。このような活動が地域社会に徐々に浸透した結果,2009年には「住民協議会」を構成することとなる。そして,この協議会のメンバーたちと一緒に,他の地域のまち歩きをし,代案開発の方策を学習することとなる。このような活動を通して,代案開発研究会は,一方で社会問題の現場でその当事者のニーズに深く根ざしながらコミュニティを形成し,他方で,市民社会組織間のネットワークを駆使して,多様な技術や資源を動員しながら,その当事者をエンパワーメントしていく新しい問題解決のあり方が定着していくことになったと言える。

　このような活動を始めて2年後となる2010年には,ザンスウマウルの住民自らが協働した結果として,「小さな美術館」を開館することとなった。それと同時に,小道の壁画事業を推進することとなった。このような小さな成果は,代案開発研究会にとっては,自らの開発方式が有効であるということを立証できたものであり,地域住民にとっては,自らの潜在能力と住民同士の協働の力を目に見えるような形で体感できる成果であったと考えられる。そのような意味では,上記の成果は小さな成果ではなかったと言えよう。というのは,新しい開発方式とコミュニティエンパワーメントの有効性が体験されたことで,代案的開発方式に対する信頼が他の住民にも広がり,より多くの住民の参加を引

第4章　住民参加型都市再生事業と社会的企業

資料4-2　ザンスウマウルのコミュニティ活性化プログラム[41]

区分	プログラム	内容
空間および施設づくり	空き地活用のコミュニティ作り	共有資源：放置された敬老センターの2階をコミュニティ空間および教室として造成。耕作地，花壇，屋上などを活用した小道の造成
	住宅修理（隣近所大工）	住宅修理のノウハウを学んだ住民たち自らが直接住宅を修理する仕事を始める
	小道デザイン（周辺大学の学生）	ハンソン大学芸術学科，絵画学科およびメディアデザイン学部の学生100名が20世帯の壁と小道の壁や階段に絵を描く事業
プログラム作りのノウハウ	マウル学校	都市農夫の小規模農業の秘訣，住宅修理の達人と修理のノウハウを勉強するなどの講座を開講
	蚤の市場	住民たちが使用していない物を販売する市場
エンパワーメント	コミュニティガーデンのプランナー養成	小規模の庭園の運営および管理ができる専門家を養成し，単独住宅地内の小規模庭園拡散を支援
	歴史文化資源の案内人および日常管理人	ソウル城郭などの歴史遺産を散歩するコースに対する案内人および清掃などの管理を行う管理員を養成
	マウル衛生環境管理員の採用	「公共勤労事業」と連携し，地域内のゴミの分別回収およびゴミ捨て場を管理する「マウル衛生環境管理員」を採用

き出したからである。実際，2011年には，蚤の市場を設置して，地域住民同士の交流を図り，「マウル学校」を開始することとなる。さらに，ニュースレターを発行し，空き家の改築や住宅の修理に関する教室を開くなど，地域コミュニティを復元させるための一連のプログラムが住民主導で進められていくことになる。

　市民社会組織の間で醸成されていたソーシャル・キャピタルを活用することによって，地域住民の間にもソーシャル・キャピタルが形成されており，それは相互扶助的なコミュニティと地域社会における集合的利益を実現するためのコミュニティ形成の基盤となった。さらに，こうした地域社会全体におけるソーシャル・キャピタルは代案開発研究会がハイブリッド組織としての社会的企業に生まれ変わる基盤となる。実際，上記のような活動の成果が基盤となり，2011年7月には，住宅修理を事業とする社会的企業「隣近所大工」が設立でき

るようになる。安全行政部が認証する「マウル企業」として認定され，初期事業資金として5000万ウォンを支援してもらうこととなり，社会的企業としての社会的経済活動を本格的に始めることになった。さらに，2012年11月には，ソウル市によって，社会問題の革新的な解決方法を示した社会的企業，すなわち「革新型社会的企業」としても認定され，ソウル市の「予備社会的企業」としてさまざまな支援を受けることとなった。

「隣近所大工」は現在，活動範囲を広げ，城北区ザンスウマウル(ソンブッ)だけでなく，ソウル市内の他の地域における居住環境を改善するための事業などの活動を行っている。従業員数は8名であり，主力事業となっているのは住宅の修理・補修やオーダーメイドの家具を製作することである。2012年5月からは，ザンスウマウルの空き家を改築して作った「小さなカフェ」を開業し，住民と一緒に運営している。このカフェはザンスウマウルの会議空間としても使用されており，カフェの収益金はザンスウマウルの居住環境の改善のために使われている。

3　社会的企業と行政とのガバナンス

それでは，こうした成果を成し遂げて行く過程において，市民社会組織と住民コミュニティの行政との関係はどのように展開していったのかを考察することにしよう。代案開発研究会は，はじめから，代案的開発を進めていく上で，地方自治体（ソウル市や城北区(ソンブッ)）との協調は不可欠であると考えていたため，ソウル市と城北区(ソンブッ)に対して協力と支援を要求していたが，2009年当時，行政は消極的な態度を示しているだけであった。そのような態度が変わる契機になったのは，2010年の統一地方選挙である。住民参加などの「マウル（近隣地域）民主主義」を公約として取り上げたキムヨンベ（김영배）が民選5期の新しい首長として当選したのである。彼の当選以降，城北区(ソンブッ)は，2011年10月にまちづくりの支援体制を構築するための第1段階として「まちづくり支援条例」を制定した。[42] これを通して，地域コミュニティづくり事業の法的根拠を整え，この事業を運営できる予算支援の基準などを規定した。また，この条例では，まちづくりの円滑かつ持続可能な支援を推進するために「まちづくり支援センター」

第4章　住民参加型都市再生事業と社会的企業

を設置し，客観的な事業運営のために「まちづくり運営委員会」を設置することとしていた。さらに，2012年1月，「社会的経済課」を設置し，その部署の中にまちづくりを専門とする「まちづくり支援チーム」を組織した。「まちづくり支援チーム」は，2010年10月から「都市再生チーム」でまちづくりと関連する業務を担当した2名を含め，合計5名で構成されている。また，区役所の内部組織として「まちづくり推進本部」を設置する。この本部は，まちづくりの円滑な推進のために，まちづくりと関連する担当部署間の有機的な協力体制の構築を目的として形成された。本部長は区長であり，まちづくり支援チームが所属している社会的経済課長が幹事役を担う。

　城北区まちづくり支援センターは，2011年12月から活動を始めており，城北区のまちづくり支援を現場で支援する役割を担った。このセンターの運営基金は城北区が直接支援し管理するが，運営は市民社会組織に委託して行われることとなる。このセンターの委託機関である市民社会組織は，代案開発研究会に参加していた社団法人「分かち合い未来」であった。この組織は，従来，都市貧民運動および自活事業にかかわっていた地域市民社会組織のリーダーなどの活動家達によって構成されていたので，センターの活動方式には地域コミュニティと社会的経済組織との好循環関係を推進しようとする考え方が反映されていた。したがって，まちづくり支援センターを中心とする行政と市民社会組織との新しいタイプのガバナンス体制は，ザンスウマウルの代案の開発が行政からの支援をより有効的に活かす制度的基盤となる。

　一方，ソウル市も2011年10月，韓国の代表的な社会的起業家であるパク氏がソウル市長補選で当選したことで，地域コミュニティと社会的企業および社会的経済に関する政策がソウル市の看板政策の1つとなったことで，ザンスウマウルをめぐる制度環境は劇的に変化した。さらにソウル市は，2012年前半に，ザンスウマウルと後述する恩平区サンセマウルの事例を参考にしながら，地域コミュニティと社会的企業などの社会的経済組織が都市開発政策を進めるエンジンとなる住民参加型地域再生事業という新しい政策を発表し実行することとなる。ソウル市は2011年，ザンスウマウルを住宅再開発予定区域からの解除を検討すると発表し，区域解除地域に対する代案的な方法を模索し始めた。さ

らにソウル市は，ザンスウマウルのマウル共同体活動に関心を持ち，2012年改定した「都市および居住環境整備事業による居住環境管理事業」の一環として，「ザンスウマウルの歴史・文化整備総合計画」を樹立し，2012年3月に官民のパートナーシップによる物理的・社会的・経済的な統合再生をめざす「住民参加型再生事業」の対象地域として支援することとなる。[43]

　区役所は，代案開発研究会と「住宅改良および雇用先創出の支援のためのMOU」と「地域共同体の活性化のための研究開発MOU」を締結し，代案研究開発会がすでに推進していた住宅環境の新しい方式による改善活動を支援し始めた。具体的には，代案開発研究会の活動に対する区役所の支援は，都市開発課都市再生チーム内に「ザンスウマウル担当者」を置くことから始まった。ザンスウマウル担当者は，住民のさまざまな要求に対応している区役所の担当局・室と住民とを連携させ，ザンスウマウルの事業に接ぎ木できる中央政府やソウル市の事業を住民達に紹介し，さらに，公募のための書類作成や提出などの行政業務を支援していた。また，区役所は，社会的企業である隣近所大工と業務協約を締結していたので，それを根拠にして，隣近所大工が敬老センターの地下をマウル学校や隣近所大工の事務室として利用することに協力した。[44]さらに区役所は，「5人集まれば，隣近所のコミュニティが変わる」という地域コミュニティ事業の方針を打ち上げ，階段の補修，休憩所の設置などの物理的な生活環境の改善事業を財政的にも支援し，既存の代案開発研究会の活動を「まちづくり支援センター」と協力して推進できるよう支援した。[45]ザンスウマウルにおける地域再生の新しいアプローチの社会的有用性が立証されたことで，城北区(ソンブッ)では同様な手法で他の2つの地域においても地域再生政策を推進することとなった。

　これまでの考察から，社会的企業のハイブリッド性が重視される理由がわかる。コミュニティの形成，サービス供給，アドボカシーといった諸機能が密接に結びついた形での地域再生の活動であったからこそ，社会的企業の活動が個別的な社会問題の解決に止まることなく，地域全体の再生やソーシャル・イノベーションを引き起こすことが可能であった。地域再生における問題の複合性を前提として考えた時，問題を抱えた当事者を軸にして，彼らの尊厳が承認さ

れるエンパワーメントの拠点としてのコミュニティは重要な意味を持っていた。こうしたコミュニティの形成過程にかかわらなければ，社会的企業は，当事者に寄り添いながら学習し，彼らの潜在的なニーズや能力を掘り起こし，多様なエンパワーメントのプロセスを支えるイノベーティブな事業を起こすことはできなかったからである。また，現在のニーズに深く根ざしつつ，市民社会組織から多様な技術や資源を動員しながら，地域における公共利益を推進するためのさまざまな事業を展開することができたからこそ，行政からの支援に対する政治的正当性を確保でき，行政から幅広い支援を受けることができたのである。さらに，市民社会とのガバナンス体制を構築でき，それに基づいて地域コミュニティを形成する過程において，地域再生と関連する公共的な議論の場を構築することができたからこそ，地方自治体の制度や政策を変革させることが可能になったと言える。

Ⅴ　ソウル市恩平区における地域市民社会と社会的企業

1　住民参加型地域再生事業の背景

　恩平区は，ソウル市の北西部に位置している自治区であり，2012年現在，人口は50万2902人，20万502世帯の住民が居住している地域である。この地域は，城北区ザンスウマウルとは異なり，住民の定住化傾向が強く，他の地域と比較して，住民自らが住んでいる隣近所に対する関心も高い自治区であった。さらに，他の自治区と比べれば，地域住民が自らの知恵と努力とお金を出し合って生活空間を再創造しようとする「地域コミュニティの形成」と「草の根民主主義」をめざしている市民社会組織の活動も活性化していた。

　一方，恩平区は，ソウル市では相対的に貧困な自治区であり，全世帯のうち，50％が所得200万ウォン以下であり，世帯ごとの所得がソウルでもっとも大きい水準であったので，既存のアパート中心の再開発事業の副作用がもっとも大きい地域でもあった。すなわち，再開発後，多くの元住民が地域から離れ，開発利益をめぐる住民間の葛藤も社会問題点として浮き彫りとなっていた。なお，既存の地域再生事業は大手の建設会社が中心となる開発事業であったために，

地域の中小企業が萎縮するなどの問題点も起きるなど，既存のニュータウン事業方式による地域再生事業は限界に直面していたのである。さらに，既存の再開発やニュータウン事業などは全面撤去という形の住宅開発であり，アパート中心の画一化した住居文化が拡散しているがゆえに，「地域固有の歴史性」が喪失し，地域のソーシャル・キャピタルが枯渇してしまうという問題点も浮き彫りとなっていた。

このような社会問題を解決するために，2010年の地方統一選挙の際に，恩平(ウンピョン)区の民選5期の首長となったキムウヨン（김우영）は，選挙公約として，開発中心から「ひと中心」の都市再生への転換を約束し，都市政策のパラダイム転換を宣言していた。すなわち，「単独住宅，多世帯住宅などの密集地域に対して，地域社会におけるマウル（近隣地域）単位の基盤施設を補助し，住宅管理および改修・補修を行う事業を推進することで，地域住民達が強制的に追われて定住できなくなることがないようにしたい」という「ヒキガエルハウジング事業」（以下，「ハウジング事業」とする）を公約として提示したのである[46]。

そして，キム区長は，都市政策のパラダイム転換の原動力を官民のガバナンスから追い求め，官民の合資会社という新しい方式によって社会的企業「ヒキガエルハウジング」（以下，「社会的企業・ヒキガエル」とする）を設立し，それを中心に住民参加型地域再生の事業を推進するという公約を示した。こうした公約が可能になった背景には，1990年代後半から活動していた恩平(ウンピョン)区における強固な市民社会組織の存在があった[47]。広範囲の地域密着型の市民社会組織間のネットワークや小規模のコミュニティ活動も活性化していたために，地域住民が主導するような形で地域再生政策を推進し，社会的経済組織を成長させるための市民社会的基盤が強かったのである。

2　社会的企業と地域コミュニティとのガバナンス

恩平(ウンピョン)区は，ハウジング事業を通じたまちづくりのための模範事業の対象地を選定するために独自の基準を設けていた。すなわち，それは，住宅再開発・再建築などの整備区域でないながらも，建築物の老朽度など居住環境が劣悪であり，経済的にも改善が必要で，単独・多世帯住宅の密集した居住地域を選定

するという基準である。このような基準にそった形で恩平区の公務員組織である「ハウジングチーム」と社会的企業・ヒキガエルは，16の候補地を選定し，これを再度，ヒューマンタウン，景観協定，ハウジング事業などそれぞれの事業の性格に合わせた類型に分類した。それ以降，ハウジング事業の性格に適合した候補地6地域を選定し，社会的企業・ヒキガエルは恩平区役所とともに，住民自治センターごとに構成されている通・班長協議会を通して事業説明会を開催した。説明会の終了後，住民の同意率が20％以上の地域に対して申請公募を受けていた。そして，申請された候補地を対象とし，恩平区のハウジングチーム，社会的企業・ヒキガエル，外部専門家で構成した選定委員会の審査を経て，サンセマウルを最終選定した。[48]

　サンセマウルの住民世帯の多くは50代から70代であり，住宅数は106戸，人口は719名，世帯数は234戸，持ち家率は39.7％，低所得層の居住比率は6.4％であった。また，30年以上となっている老朽住宅の数は77戸，老朽率は72.6％である。しかし，この地域は恩平区の他の地域と比べれば，コミュニティ性が非常に低い地域であった。たとえば，2000年以降，もっとも小規模の伝統的な住民協議体である班長会が1回も開催されないほど，住民間の交流が少ない地域であった。[49] しかし，大多数の住民は30年以上この地域に居住しており，また定住志向も強かったので，既存の居住環境を改善し，コミュニティを形成することに対して，利害関係を持っている住民が多かったと言える。[50] そこで社会的企業・ヒキガエルは，絶えず住民会議を開き，住民の意見を収斂した形で，住民達自らが希望するコミュニティの姿を描こうと努力していた。また，2011年6月，恩平区は，この地域を「居住環境管理事業」のモデル区域として選定し，低い利子での貸し出しを通じて修理費用を調達できるように支援し，小規模のコミュニティ形成を通じたまちづくりを推進しようとした。しかし，その過程は順調ではなかった。たとえば，恩平区と社会的企業・ヒキガエルは，当初，サンセマウルに住民グループを組織するためにマウル学校を運営した。これを通じて，地域コミュニティの社会経済的意義を共有し，近隣地域の未来像を住民自らが描いて企画できるようにすることが目的であった。しかし，この学校に対する住民の反応は思わしくなかった。そこで，社会的企業・ヒキガ

エルは，サンセマウル内に放置されていた，ソウル市が所有する空き地がゴミ捨て場になっていることを解決するために，住民達と一緒に清掃を行い，快適な空間へと変えてみようという考えを住民たちに提示し，実行することとなる[51]。この活動のために住民が先に動いたので，区役所もその活動に協力することとなり，3週間をかけて，30トンのゴミを清掃し，その空き地を耕作地として使用することができた。この空き地を活かした耕作地で収穫した作物は，隣の福祉施設に無料給食用の材料として提供されたり，敬老センターの老人達に漬け物で送られている。この耕作地は，現在は16名で構成された「空き地耕作地管理共同体」により管理されている。

　このような活動は，「地域住民が力を合わせれば，何でもできる」というプライドと地域に対する愛着が高まる機会となる。そして，サンセマウルがその後のマウルづくり事業に住民が自発的に参加できる重要な契機になったとも言える。実際，この活動の成功を契機として，その後，社会的企業・ヒキガエルは，住民グループとともに，道路を新たに舗装し，階段・擁壁・老朽壁を整備し，地域の空き地を利用した菜園や，地域住民の休憩所を造成し，また，住民同士が協力して花壇を造ったりした。さらに，住民の念願であった公営駐車場をつくることもできるようになる。行政と社会的企業・ヒキガエルと住民が協力して，多種多様な相互扶助的な地域コミュニティを形成したのである。

　こうした過程において，注目すべき点は，住民とコミュニティのエンパワーメントである。地域の空き地耕作地作りに参加した住民の大部分は，50代から60代の主婦で，学びたい欲求が非常に強い人々であった。この住民達が中心となり，地域のコミュニケーション空間である「サラン部屋」（コミュニケーションの場）に集まって，住民の意見集約を行うだけでなく，「互いに一緒に学び，楽しさを分かち合いたい」という心が集まり，民謡の授業などを行う「サンセ学堂」がスタートするようになった。また，マウルの小道に置くべき花ボックスやボックス形の耕作地をよく育てられるように都市農業の専門家を招聘して，「わがまちの花博士課程」という講座を新設することとなる。自分たちのレベルに適合した講師を自ら探し，才能寄付を受けることで新講座を作るなど学びの欲求を実現することになったのである。その他にも，住宅エネルギーコ

ンサルティングの講座,住宅相談を希望する住民を対象とする住宅相談,住宅の診断や工事費の算定を助ける「我が家を直して生活しよう」という講座を設けて,マウルの保存・維持・管理の意味を住民同士で共有しようとする動きも活性化することとなる。なお,住民のコミュニケーション空間の運営費を充当するために設置した「サンセマウルのたわし作り」講座によって,住民たちは少額であるものの固定的な収入源を確保できる体験をすることになった[52]。

さらに,住民のコミュニケーション空間である「サラン部屋」に集まり,毎週木曜日にはマウルの主要な懸案について話し合い,住民の意見を集約する場所として使用することとなる。たとえば,地域コミュニティバスの路線調整,地域駐車場の造成などが議論され,さらに我が家の表札作り,医療生協の往診,壁画を描くことなどのコミュニティプログラムも主要な案件として議論されるようになる[53]。いわゆる,住民自らの力で,コミュニティエンパワーメントのメカニズムを作動できるようになったのである。

このように成長した地域コミュニティは,やがて,地域における集合的利益を実現するための活動に乗り出すこととなる。たとえば,サンセマウルの小学校が住民に開放されてから,住民達が小学校周辺の防犯活動を自発的に始めることとなる。このマウル安全守り活動は2012年5月から始まり,地域住民25名が毎週1回ずつ地域を見回り,地域の安全を住民自らが守っているのである。「地域守り隊」の活動は,住民に安全な帰路を提供するための活動であったが,住民にとっては,地域におけるさまざまな問題に対する関心を高める契機となった。家出青少年が集まっている場所,夜遅くまで両親なしで子供達だけでいる家,違法駐車が深刻な街,ゴミの不法投棄が行われている場所などに対して,多くの住民がより高い関心を持ち,問題解決に取り組もうとする住民が増えるようになったのである[54]。このような活動が認められ,「地域守り隊」の活動は,ソウル市のマウル共同体事業の1つである「安全なマウル活性化」の公募事業にも選定され,安全な地域のための活動費と事業費を受けることになる。

このようにサンセマウルの住民達は,サンセマウルの景観事業,住民参加型の居住環境改善事業の「設計段階」から住民が直接参加し,住民自らが先にマウル共同体事業を始めることで,より多くの住民が参加できる,好循環過程に

置かれている。そこでソウル市の代表的な貧しい町と言われていたサンセマウルは、都市再生事業の新しい代案として評価され、城北区ザンスウマウル(ソンブク)とともに、ソウル市の住民参加型地域再生事業の内容を決める際のモデルとなっていた。また、2012年には第１回ハンギョレ地域福祉大賞の最優秀賞を受賞し、ソウル市だけでなく、全国的にも模範的な事業となっている。

　一方、2012年12月に協同組合基本法が施行されてから、心の通じる５人以上が集まれば協同組合づくりが可能となったので、恩平区(ウンピョン)はこの新しい制度を住民参加型再生事業に積極的に取り入れた。サンセマウルの事例から、社会的企業が先導する居住環境の改善事業が地域コミュニティや地域経済の活性化に貢献できるということを行政も身をもって感じていたからである。その結果、次のようなさまざまな協同組合が形成されることとなる。たとえば、「ドハ建設協同組合」の設立がその例である。この組合は、大手の建設会社中心の開発事業で地域内の4800人の建設技術者や、572人の建設関係の小規模自営業者の萎縮が深刻化している問題に対する代案で設立されたものである。この組合は、建設技術者の安定的な経済状況を確保し、消費者中心の地域共同体の住宅供給を実現することで、建設協同組合の新しい発展モデルを具現化することが目標であった。地域住民の雇用義務を50％として、組合員拡充のための方策として少額出資および現物出資を並行しながら、小規模の一般住宅中心に建設人材の専門化を試みる計画を持っている。しかし、長期的には、資本金の拡充ができれば、事業推進に必要な免許取得を支援し、住宅建設協同組合および他の協同組合と協力して事業基盤を拡大していくつもりである。

　また、「ハウジングコープ住宅消費者協同組合」も設立されることとなる。この組合は、住宅建設を希望する住民達が協同組合を設立した消費者中心の団体である。この組合の発起人代表によれば、ハウジングコープ住宅消費者協同組合は「安全で美しく、便利で快適で環境親和的な住宅を合理的な価格で供給し、これを通じて相互扶助的な共同体的価値の向上と持続可能な生態環境の保全、そして、共生のヒューマニズム的な経済環境に貢献することを目的として設立された協同組合」であり、「この組合の組合員本人が望む住宅を合理的な価格で供給してもらうことができ、建設過程において一緒に隣人として生活し

ていく組合員との親密な交流を通じて，入居後の住居満足度も高くすることができる」という期待を寄せている。短期的には組合員500人，出資金１億ウォン規模を達成し，2013年中に10世帯程度の共同住宅の新築を推進しようとしていた。そして，長期的には，組合員10万人，出資金1000億ウォンを目標にして組合員を拡充し，地域社会に雇用先の創出とともに１万世帯の住宅試行事業を行おうとしている。また，それとともに，公共賃貸の協同組合住宅，公共土地の賃貸協同組合など賃貸事業の開発と，専門家対象のフォーラムおよび教育を持続的に推進しようとしている。[57]

さらに，地域内の小規模の建築業者のネットワークを形成しようと設立した「公正建築協同組合」がある。この組合は，ネットワークを形成することで建設競争力を確保し，持続的な技術教育を通じた能力向上で小規模の建設マーケット内で建設供給の水準を向上させることに目標を置く。そのために，多様な業種で組合員を構成し，改修・補修工事を施工し，共同ブランドの開発など，営業能力の向上に力を注ぎながら，長期的には電子商取引システムの導入を通じた建設資材の共同販売および販売価格の協定締結，工事品質の向上など，地域内の協同組合間の協力体系を構築しようとしている。[58]

3　社会的企業と行政とのガバナンスおよび中間支援組織

恩平(ウンピョン)区による「ハウジング事業」は，「居住環境の改善，マウル共同体形成，そして地域経済の再生」という一石三鳥の効果を期待しながら，野心的に始めたものであった。この事業は，既存の地域の保存・維持・管理による居住環境の改善という物理的再生，住民共同体の回復という社会的再生，そして，地域内の小規模の生産と消費に基づく地域循環経済の３つの再生を通じて，多様な社会問題を予防し，新しい解決策を模索するために形成されたものである。[59]

一方，城北(ソンブッ)区および恩平(ウンピョン)区の地域再生事業に積極的な関心を示していたパク氏がソウル市長に就任し，2012年から，上記の２つの自治区の実験を取り入れた住民参加型地域再生事業を都市再生パラダイムの転換を促す典型的な事業として位置づけることとなる。すなわち，「住民参加型再生事業」は，物理的再生と社会経済的再生の融合を通した「マウル（近隣地域）コミュニティ事業」

として位置づけられた。パク市長の当選は、恩平区のハウジング事業においては、動員できる制度的資本が増大することを意味していた。後述することとなるが、実際、ソウル市が有する制度的資本は恩平区のハウジング事業に積極的に活用されることとなった。

　恩平区役所による居住環境の改善事業は、居住環境の改善だけでなく、地域コミュニティの形成と地域経済の再生を目的としていたので、社会的企業を事業の推進主体として位置づけていた。社会的企業の可能性としてのハイブリッド性を確信し、低所得層に就労を提供し、地域中小企業と連携した事業をも推進することで、地域経済の活性化を図ろうとしたのである。また、既存の老朽化した住宅の個性を生かし、既存の街路を中心に形成されている文化と小規模の商圏を保存するが、地域コミュニティのインフラとしての価値を持っていることを重視していた。

　こうした目的を達成するために、恩平区は、2010年10月に市民社会組織と専門家などが参加した「ハウジング推進委員会」を構成し、2010年12月には、社会的企業である「ヒキガエルハウジング」を設立することになったのである。また、恩平区役所は、住宅課の下に「ハウジング事業支援チーム」を設立し、上記の社会的企業のサポートをするようにしていた。さらに、2010年12月23日には、地域の市民社会組織である、「社団法人・分かち合いと未来」、「社団法人・みどり連合」、「社団法人・環境正義」と「ハウジング推進委員会」が主体別の役割と責任を詳細に示した「投資および業務協約」を締結し、市民社会組織とのガバナンス体系を公式化した。社会的企業・ヒキガエルは、都市再生事業の専門的な社会的企業を指向し、2011年5月にはソウル市から「予備型社会的企業」として指定される。

資料4-3　社会的企業・ヒキガエルの主な2つの事業

区分	受益型	公益型
対象	一般世帯：有償で住宅修理	低所得層：無償で住宅修理
地域	ソウル市と首都圏の一部	恩平区
費用	工事希望および工程によって異なる	1世帯当たり1～2百万ウォン
内容	住宅エネルギーの効率改善	住宅修理および改善

社会的企業・ヒキガエルの主要な事業は，「受益事業」と低所得層住民のための「公益事業」に分けられる。事業類型には，住宅管理事業，住居改善事業，地域コミュニティづくり事業，そして，居住福祉支援サービスという4つの事業がある（資料4-3）。まず第1に，住宅管理事業は一般住宅と公共賃貸住宅，公共施設物などを日常的に管理する事業である。この事業は会員制で運営しているが，低所得層には無償で，一般世帯には有償という形で，定期的に訪問サービスを遂行している。第2に，居住改善事業は，一般住宅と公共賃貸住宅などを対象にして，老朽住宅の改修・補修と，エネルギー節約のための住宅改修・補修を行う事業である。この事業は，受益型と公益型の事業で区分され試行される。第3に，マウル共同体事業は，単独住宅，多世代，多家具住宅が密集した老朽住宅団地を対象とする，住民参加型の居住再生事業である。この事業は，住民参加を基盤として，区役所と専門家，そして社会的企業・ヒキガエルが協力して，地域の環境改善の総合計画を樹立し，これを実現することを主要な内容としている。最後に，居住福祉支援サービスは，居住環境整備区域内の住民達を対象とする教育，相談などの情報提供と，再開発事業に対する理解を高め，紛争を予防し，透明な事業推進を誘導するためのものである。この事業は，教育・相談以外にも，居住脆弱層に対する相談，緊急賃貸料の支援，公共賃貸住宅の紹介などのサービスを提供する。[63]

　社会的企業・ヒキガエルは，マウル共同体づくり，住宅管理，エネルギー診断および向上，公益の住宅修理，多様な室内工事，都市再生コンサルティングなどの7つの分野で構成されており，合計17名のスタッフが働いている。予算は，自らの収益事業でまかなっており，ソウル市から予備型社会的企業に認められてからは人件費の60％程度の支援を受けている。恩平区は，社会的企業・ヒキガエルの広報活動を行うことで，間接的に支援しており，[64]社会的企業・ヒキガエルが設立した時から協力関係を維持している。恩平区では，5名の公務員が上記の事業との協力を担当しており，ヒキガエルとは緊密に意思疎通を行っている。恩平区は，主に社会的企業・ヒキガエルの収益事業以外の公益事業を支援する役割を果たしており，地域社会に社会的企業・ヒキガエルを紹介し，住宅修理と関連する企業へつなげるなど，社会的企業・ヒキガエルの収

益事業に対しても間接的に支援している。さらに,社会的企業・ヒキガエルが住民協議体を中心とする地域コミュニティの形成事業に参加する場合,恩平(ウンピョン)区はその基盤となる物理的環境改善を支援することで,均衡の取れたまちづくりを展開しようと努力している。(65) 要するに,社会的企業は地域におけるソーシャル・キャピタルを醸成し構築することに重点を置き,そのような活動を持続可能にする収益活動を行っている。これに対し,地方自治体は物理的環境改善に重点を起きつつ,社会的企業の複数の社会的目的を支援するという役割分担が行われていたのである。

サンセマウルのハウジングモデル事業は,はじめは,ソウル市の「景観整備事業」を念頭において進行していたが,もしその事業に選定されなかった場合には,自治区の独自プログラムで推進する予定であった。景観整備事業の公募以前である計画の樹立段階では,地域コミュニティ会議を(毎週木曜日に)定期的に行い,住民の生活に対する不満を解消する方策を用意していた。この過程の中で,空き地の整備事業,サンセマウル見守り隊,マウルバスの利便性の向上など,住民の生活における不便やその改善を図る計画が樹立され進行したのである。(66)

ハウジングモデル事業は,恩平(ウンピョン)区のハウジングチームと社会的企業・ヒキガエル内の「地域コミュニティ支援チーム」が主軸となって進行した。事業が総合的に試行されることが必要であったために,恩平(ウンピョン)区では10課13チームが参加したタスクフォースチームである「ハウジングチーム」を構成することとなる。(67) このように,行政における支援体制と社会的企業とのガバナンス体制も整っていたが,事業の初期には予算が用意されていなかった。そこで,とりあえず,予算を投入しないで推進できる計画を優先的に検討して事業を遂行することとなる。その一方で,恩平(ウンピョン)区では,「希望マウル(地域コミュニティ)担当官」という部署の中に「創意ビジョンチーム」を作り,恩平(ウンピョン)区の施策事業に必要な外部資源を民間財団などから発掘する業務や,中央政府や民間企業の公募事業を発掘するための業務を担当させていた。その結果,2012年には「ソウル市の景観整備事業」対象地と選定され,13億ウォン程度の支援を受けることになる。その他にも,住民に必要な駐車場の土地を確保するために,ソウル市

の駐車場特別会計から17億ウォンの予算を支援してもらうことができた。さらに「一緒に働く財団」による緑成長分野の公募にも選定されることになり，2億ウォン程度の支援を受ける成果を成し遂げた。地方自治体と社会的企業が一緒になり，地域外部の公共セクターや市場セクターやサードセクターからの経済的資源を積極的に動員することで，官民のガバナンス体制を有効的に作動させ，さらに地域全体におけるソーシャル・キャピタルの付加価値を高めることができたのである。

　官民協力によるサンセマウルでの住民参加型都市再生事業の成功は，恩平区(ウンピョン)の地域全体における社会的経済エコシステムづくりに拍車をかける要素となっていた。その産物の1つが「恩平区(ウンピョン)社会的経済ハブセンター」の設立である。このセンターは，区役所が社会的企業の中間支援組織である社団法人・シーズに委託運営しており，このセンターは恩平区(ウンピョン)にあるさまざまな社会的企業が利用している。また，同センターは，恩平区(ウンピョン)にある各種 NPO などの市民社会組織の連合体である「社団法人・ウンピョン想像」も利用している。社会的企業と市民社会組織が1つの空間に入居できるセンターを作ることで，社会的経済組織と市民社会組織がそれぞれの長所に気づき，そのような長所を活かした共同事業を生み出そうしているのである。

　このような意図は，同センターの次のような設立目標やビジョンによく反映されている。すなわち，同センターは，「地域社会における生産と消費，再投資の好循環が可能な社会的経済生態系の構築を目的にし，地域の社会的経済の好循環構造を創出するための活動を行う」ための拠点となっている。また，社会的経済ハブセンターのビジョンは，「互恵と連帯を基盤とする地域経済の好循環を追求する社会的経済のハブとしての役割を果たすこと」になっている。そして，そのために，①内発的な地域発展の核心が動力を持てるよう活動する，②社会的経済の力量と持続可能性を向上させる，③地域住民からの支持基盤を拡充する，ということを重視していることが強調されている。また，このビジョンを実現するための原理として，同センターは「革新」と「融合」を強調する。たとえば，「生活の中で出会う地域コミュニティと社会的経済をより豊かに想像し，実現する活動のハブになりたい」という革新の精神が強調され，社会的

企業と市民社会組織間の協力および連帯を追求し，ともに成長してほしいという融合の精神が重視されている。

これまでの考察から，社会的企業・ヒキガエルは地方自治体と地域市民社会組織が共同で形成したものであったことがわかる。この社会的企業は，まず地域に根ざしたコミュニティづくりに力を注ぎ，次にその地域コミュニティに基づいて新たな社会的企業を形成するような形で発展してきた。社会的企業と地域コミュニティとの間に好循環が起きたのは，90年代半ば以降，教育，福祉，環境などの各分野において活動してきた地域市民社会組織が地域の共同体性を回復し，活性化する戦略を取っていたことによる影響も大きかったと言える。また，地方自治体が住民参加型地域再生政策を実施したことで，社会的企業と地域コミュニティの好循環を促進しうる行政資源が豊富であったことも，社会的企業と地域コミュニティが協働して地域再生のための活動を効果的に行うことができた背景にあったと言える。[68]

VI 地域社会を基盤とする社会的経済エコシステム

これまでの考察から，社会的企業が有するセクター間の関係性としてのハイブリッド性が生み出す社会的価値は，次の3つであったことがわかる。第1に，地域社会に埋め込まれているソーシャル・キャピタルを掘り起こし，小規模の地域コミュニティを形成することによって可能になった社会的弱者の社会的包摂機能である。つまり，小規模の地域コミュニティが社会的弱者の居場所としての機能を持つことになったのである。第2に，小規模の地域コミュニティに蓄積されているソーシャル・キャピタルを活用し，社会的弱者に対し雇用の機会を提供することによって可能になった，雇用創出機能である。地域コミュニティは，雇用の機会を形成する社会的基盤となり，雇用の機会は地域コミュニティの持続可能性を担保する経済的基盤となっていたのである。第3に，社会的企業が市民社会組織間の媒介組織として機能することによって地域全体にとっての集合的利益（地域再生）を生み出すハブとなっていたことである。一方，市民社会組織間のネットワークや市民社会組織と行政とのガバナンス体系は，

社会的企業を生み出す基盤となっていたが,そのようなネットワークの存在は,社会的企業がただの住宅改善に止まらず,コミュニティによる問題解決やアドボカシー活動による政策の改善および有効性の増大に影響を及ぼしていた。これまでの考察から,城北区（ソンブツ）と恩平区（ウンピョン）においてハイブリッド組織としての社会的企業は,社会的経済エコシステムの協調と共生の原理に基づいて地域循環経済システムの形成を先導する社会的経済組織であったと言えよう。

一方,これからは,社会的経済エコシステム造成という観点から,地方自治体が社会的企業をどのように認識すべきであるのか,また,社会的企業に対する政策の焦点となるものとは何かという問題に限って,若干の考察を行うことにしよう。まず,地方自治体の社会的企業の認識にとってもっとも重要なことは,社会的経済エコシステムを形成する際に,社会的企業のハイブリッド性が持つメリットを理解することであろう。たとえば,ハイブリッド組織としての社会的企業は,行政の財政資源だけでなく,地域コミュニティや市民社会組織からその他の資源を動員できる多元的経済組織であり,マルチ・ステークホルダー組織でもあるので,社会的企業の経済活動はそれと関連する利害関係者の関係網を構成する効果を有する。このような観点からすれば,上記の2つの自治区が地域再生政策を社会的企業が中心となって行っていたことは,該当地域内の利害関係者達が互いに必要とする関係網を形成することに,すなわち,社会的経済エコシステムの形成に寄与していたと言える。というのは,地域コミュニティや市民社会組織から資源を動員できるようになることは,社会的企業と地域コミュニティおよび市民社会組織との間に多様なネットワークが形成されない限り可能ではないからである。したがって,社会的企業による社会的経済エコシステムの形成効果を理解するのは,行政が社会的企業とのパートナーシップを設計する際の前提になるべきであると言える。

第2に,社会的企業によって実施される地域再生政策の社会的有用性は地域社会にとって重要な集合的利益として正当化される可能性が高いので,地方自治体は社会的企業が中心となる地域再生政策が社会的企業に対する社会的正当性や政治的正当性を高めるという効果を持っていることについて理解すべきであろう。このような正当性は,社会的経済エコシステムを形成する際の重要な

要素の1つである。というのは，社会的企業に対する社会的・政治的正当性は，社会的企業や社会的経済組織を中心とする地域循環経済に関する政策に対する住民や議会からの支持を高める効果を有しているからである。

　第3に，多元的経済・多元的目標を有する社会的企業のハイブリッド性が生み出す社会的価値を地域全体の集合的利益により効果的に結びつけるために，市民社会組織，社会的企業，地域コミュニティ組織などがそれぞれの長所を引き出し合うことができるプラットフォームが必要だということである。城北区社会的企業ハブセンターや恩平区社会的経済ハブセンターは，地域社会を基盤とする社会的経済エコシステムのプラットフォームとして設立された空間であったと言える。

　第4に，ソーシャル・キャピタルは，社会的経済エコシステムにおける循環経済を促進する潤滑油であり，社会的経済エコシステムにおいて協調の原理を作動させる資源であるものの，その蓄積には長い時間がかかるということである。しかしながら，ここで忘れてはならないのは，ソーシャル・キャピタルは使用すればするほど増大するという特性を持っていることである。社会的企業にとってソーシャル・キャピタルは多元的経済活動を促進するレバレッジでもあるので，社会的企業は他の組織と比べてそのようなソーシャル・キャピタルの蓄積過程により多く参加するインセンティブを持っている。したがって，地方自治体は，地域全体におけるソーシャル・キャピタルの形成において社会的企業がその役割を果たすことができるような政策支援を行うべきであるが，その効果自体については性急に期待してはならないであろう。

　最後に，社会的経済エコシステムの形成政策は統合的でマクロ的なアプローチが必要であるので，行政機関内に社会的経済エコシステムの形成を統合的に推進する専門組織や，中間支援組織が必要である。とりわけ，中間支援組織は，社会的経済エコシステムを構成するセクター組織の境界を横断する多様なネットワークを構築していく際に重要な結節点としての役割を果たすことになろう。このような意味からすれば，城北区社会的企業ハブセンターや恩平区社会的経済ハブセンターで働いているさまざまな中間支援組織は，社会的経済エコシステムの結節点としての役割を果たしていたと言える。

第 4 章　住民参加型都市再生事業と社会的企業

1）　シンミョンホ（신명호）「社会的経済の理解」キムソンギ（김성기）他『社会的経済の理解と展望』2014年。
2）　藤井敦史，原田晃樹，大高研道『闘う社会的企業——コミュニティ・エンパワーメントの担い手——』勁草書房，2013年，4 頁。
3）　Nyssens, M., "Social enterprise at the crossroads of market, public policy and civil society", Nyssens, M (ed.) *Social Enterprise: At the Crossroads of Market, Public Policies and Civil Society*, Rutledge, 2006.
4）　藤井他，前掲注 2，127-128頁。
5）　シンキョンヒ（신경희）「ソウル市社会的経済事業体の連携発展方策」ソウル市市政開発研究院，2010年，12-13頁。
6）　シンキョンヒ，同上，13頁。
7）　キムソンギ（김성기）「地域経済開発と社会的経済」キムソンギ他『社会的経済の理解と展望』アルケ，2014年，175-189頁。
8）　藤井他，前掲注 2。
9）　藤井他，同上，328頁。
10）　藤井他，同上，5 頁。
11）　藤井他，同上，329-330頁。
12）　藤井他，同上，4 頁。
13）　藤井他，同上，330頁。
14）　清水敏行『韓国政治と市民社会——金大中・盧武鉉の10年——』北海道大学出版会，2011年，165-242頁。
15）　羅一慶「市民社会と政治参加の日韓比較」中京大学総合政策学部『総合政策フォーラム』第 3 号，2008年；羅一慶「韓国市民社会の経路依存的効果」中京大学総合政策学部『総合政策フォーラム』第 4 号，2009年。
16）　キムジョンウォン（김정원）「韓国の社会的経済の現況および展望」キムソンギ他『社会的経済の理解と展望』アルケ，2014年，117頁。
17）　C. ボルザガ・J. ドゥフルニ（編），内山哲郎・石塚秀雄・柳沢敏勝（訳）『社会的企業——雇用・福祉のEUサードセクター——』日本経済評論社，2004年（Borzaga, C. and Defourny, J., *The Emergence of social enterprise*, Routledge, 2001）。
18）　A. エバース，J. L. アヴィル（編），内山哲郎・柳沢敏勝（訳）『欧州サードセクター——歴史・理論・政策——』日本経済評論社，2007年，336-337頁。
19）　ソウル特別市『ソウル市マウル共同体白書——ソウル・生活・人——』2014年；ソウル市マウル共同体総合支援センター『マウル共同体は形成されているか？——マウル共同体支援事業の現況と可能性——』2013年。
20）　パクウォンスン（박원순）『マウルで希望を出会う』ゴンヂュンソ，2009年。
21）　パクウォンスン『マウルが学校である』ゴンヂュンソ，2010年。
22）　パクウォンスン『マウル会社』ゴンヂュンソ，2011年。
23）　ジョンソック（정석）『私は目立つ都市よりもこぢんまりとした都市が好き』ヒョヒョン出版，2013年，251頁。
24）　パクウォンスン，前掲注20，7 頁。

25) ジョンソック，前掲注23，251頁。
26) ソウル特別市『2013ソウル市マウル企業の白書──異なる経済，新しい希望，ソウル市マウル企業──』2013年。
27) ソウル市マウル共同体支援センター『2013ソウル市マウル共同体総合支援センター成果資料集』2014年。
28) ソウル特別市『ソウル市マウル共同体白書──ソウル・生活・人──』2014年，140頁。
29) イジュウォン（이주원）「マウル（近隣地域）の再発見とまちづくり」ウワン市オンマウルのまちづくり住民討論会資料，2014年11月20日，8頁。
30) ソウル特別市，前掲注19，141頁。
31) イジュウォン，前掲注29，1-2頁。
32) ソウル特別市『ソウル市住民参加型再生事業白書──我がまちづくり──』2013年，88-89頁。
33) ソウル特別市，同上，90頁。
34) イジュウォン，前掲注29，5頁。
35) イジュウォン，同上，5頁。
36) アダルベート・エバース「社会的企業と社会的資本」C. ボルザガ・J. ドゥフルニ（編），内山哲郎・石塚秀雄・柳沢敏勝（訳）『社会的企業──雇用・福祉のEUサードセクター──』日本経済評論社，2004年，397頁。
37) ジャン・ルイ・ラビル，マース・ニッセンズ「社会的企業と社会経済理論」C. ボルザガ・J. ドゥフルニ（編），内山哲郎・石塚秀雄・柳沢敏勝（訳）『社会的企業──雇用・福祉のEUサードセクター──』日本経済評論社，2004年，441-442頁。
38) ヤンゼソップ（양재섭），キムインヒェ（김인희）『ソウルのマウル単位計画の運営実態と自治区役割の改善方策の研究』ソウル研究院，2013年，88頁。
39) パクハッリョン（박학용）「ザンスウマウルの住宅改良の実験と課題」『都市と貧困』第94号，2011年，84-86頁；代案開発研究会「これまでの5年を振り返り，ザンスウマウルの未来を語る：座談会」『都市と貧困』第103号，2013年，162頁。
40) 城北区社会的経済支援団・城北区社会的企業ハブセンター『城北区公共調達の社会的責任性の強化方策の模索』2013年。ソウル特別市外『東北区域（4つの自治区）の社会的経済活性化のための討論会資料集』2013年6月21日。
41) 韓国都市設計学会「サンソン洞4区域における対案的開発に関する紹介」『都市コミュニティ研究会の資料集』2012年，292-293頁の内容を再構成。
42) 城北区のまちづくり支援体制に関する以下の内容は，城北区『城北区まちづくり基本計画』2013年，を参照。
43) ヤンゼソップ他，前掲注38，90頁。
44) ヤンゼソップ他，同上，93頁。
45) ヤンゼソップ他，同上，95頁。
46) ヤンゼソップ他，同上，68頁。
47) 恩平（ウンピョン）社会的経済支援センター『ウンピョン社会的経済生態系造成および戦略分野育成事業3ヶ年度事業計画書』2014年；ウンピョン想像『頑張れ！ ウンピョン』2014年。

48）　ヤンゼソップ他，前掲注38，73頁。
49）　キムウヨン（김우영）「恩平区の地域コミュニティを通して考察した住民参加事業」韓国公共社会学会夏特別学術学会資料集，2013年，9頁。
50）　ヤンゼソップ他，前掲注38，75頁。
51）　ヤンゼソップ他，同上，78頁。
52）　キムウヨン，前掲注49，12頁。
53）　キムウヨン，同上，9頁。
54）　キムウヨン，同上，12頁。
55）　キムウヨン，同上，13頁。
56）　キムウヨン，同上，20頁。
57）　キムウヨン，同上，21頁。
58）　キムウヨン，同上，22頁。
59）　キムウヨン，同上，9頁。
60）　イジュウォン，前掲注29，4頁。
61）　ヤンゼソップ他，前掲注38，70頁。
62）　韓国都市設計学会，前掲注41，306頁。
63）　韓国都市設計学会，同上，306-307頁。
64）　ヤンゼソップ他，前掲注38，73頁。
65）　ヤンゼソップ他，同上，73頁。
66）　ヤンゼソップ他，同上，80頁。
67）　ヤンゼソップ他，同上，78頁。
68）　居住福祉関係の社会的企業と地域コミュニティとの好循環は住居価格を上昇させる副作用を伴うことも多い。この問題に関する政策的取り組みについては，イジュウォン（이주원）『マウル共同体事業と関連するマウル型居住福祉方策――ソウル市恩平区サンセマウルの事例を中心に――』ソウル研究院，2012年；パクハッリョン，前掲注39，89-93頁を参照されたい。

第5章 結　論
——社会的企業から社会的経済の構築へ——

I　ソウル市の社会的経済エコシステム政策と マウル共同体づくり政策

　社会的企業から社会的経済の構築への動きを後押ししたのは，2011年末に登場したパクウォンスン（박원순）市長が先導したソウル市の社会的経済エコシステム政策である。社会的企業の脆弱階層に対する雇用創出と社会サービス提供の機能のみならず，地域における社会問題の革新的な解決や，地域コミュニティと社会的企業の好循環関係を通して，社会的経済エコシステムを構築するための政策が行われるようになったのである。そこで，政策支援の対象は，社会的企業から「自活企業」，「マウル企業」へと拡大され，政策支援の方向性も社会的経済組織に対する直接支援から社会的経済組織のエネルギーと持続可能性の基盤となる社会的経済エコシステムを造成するための政策へと変わることになる。社会的経済エコシステムに関する政策は，パク市長の市政を象徴する目玉政策の1つとなり，多くの政策資源が集中投下されることになった。

　このような政策が可能になった理由の1つには，トップダウンで特徴づけられる政治文化が影響していると考えられる。それは，国家主導的な経済開発戦略だけでなく，市民社会においても共通するものである。強い国家に強い市民運動を生んだわけである。パク市長は，2000年9月から11月にかけて市民社会のリーダーとして日本の市民社会を訪ねた後に書き残した著書で，韓国と日本の市民社会（組織）のあり方を次のように喩えている。

総論に強く各論に弱いのが韓国の市民運動だとすれば，総論に弱く各論に強いのが日本の市民運動だ。韓国の市民運動が戦略的な地点を爆撃し，社会の変化を導く空軍だとすれば，日本は，下からひとつひとつ変えていく陸軍である。[1]

　韓国市民社会のこのような特徴は，軍事政権と闘いながら民主主義をつくり上げてきた歴史と深い関連がある。その結果，韓国の市民社会組織は政治的であり，政治問題にかまけていて，国民の日常的な生活の中に入りそれに密着した活動を行ってきた歴史が浅い。パク市長の「社会的経済エコシステム造成政策」において小規模の地域コミュニティの形成と活性化が重視されたのは，上記のような市民社会についての認識がその背景にあったと考えられる。

　それでは，ソウル市の社会的経済エコシステムの形成政策はどうであろうか。ソウル市社会的経済支援センターのホームページは，社会的経済エコシステムの形成政策を次のように説明している。社会的企業および社会的経済組織に関するソウル市の政策ビジョンとなっているのは，持続可能な社会的経済エコシステムの形成である。その推進目標としては，社会的経済の比重が対GDP比7％，対全体雇用比10％を設定している。ソウル市の社会的経済エコシステム政策においてもっとも注意すべき点は，政策の推進戦略にある。ソウル市では，まず第1に，行政主導ではなく市民が主導し，民民・官民のガバナンス体系を構築することによって政策を実施することを政策原理とする。セクター間の境界に横たわるガバナンス体系，地域・業種・分野ごとのガバナンス体系，地域・業種・分野の境界を超えるガバナンス体系の構築を通して，地域コミュニティと地域市民社会組織と社会的経済組織間の好循環関係を期待したのである。第2に，雇用創出のための社会的企業の量的拡大政策ではなく，社会問題を革新的に解決する「革新型社会的企業」を発掘する政策の推進である。第4章で述べた2つの社会的企業，すなわち，地域再生を先導する役割を果たしていた「隣近所大工」や「ヒキガエルハウジング」は，ソウル市の革新型社会的企業の典型的な例である。これらの企業は，セクター間の関係性としてのハイブリッド組織であり，民民・官民ガバナンス体制を構築するための媒介組織であり，セ

クター間の協力による相乗効果を引き起こす触媒的組織であった。第3に，これまでの中央政府による社会的企業に対する直接支援とは異なり，社会的企業のエネルギーと持続性の基盤となるエコシステムを形成するために，地域別・特性別の中間支援システムを構築することである。

このような政策戦略の変化により，社会的経済組織に関する政策の重点分野も，当然のことながら，次のように変わることになった。まず第1に，体系的な中間支援システムを構築することである。ソウル市では，ソウル市全体レベルの中間支援システムの構築だけではなく，ソウル市内の25の自治区ごとに中間支援システムが構築されることを重視した。第2に，公共部門の消費市場を拡大することである。第3に，地域（自治区・マウルのような小規模の地域コミュニティ）を中心とする協力的なエコシステムの基盤を構築することである。つまり，社会的経済エコシステムの地域化戦略である。第4に，社会的経済組織の成長段階に応じた総合的な支援を構築することである。このような政策目標を推進するために，ソウル市は2012年1月に全国ではじめて「社会的経済課」を新設し，2013年4月にはまた全国ではじめて「社会的経済支援センター」を設立している。後者の組織は民間に委託，運営されており，社会的経済政策に関する協議・調整および社会的経済組織の総合的支援機能を担っている。さらに，2014年5月には「社会的経済基本条例」を制定し，これまでそれぞれの社会的経済組織に対して個別的に行われていた育成および支援政策を統合的に推進できるようにした。

次に，社会的経済エコシステムの目標の1つであるマウル共同体政策についても簡略にまとめておこう。パク市長によるこの政策の実施とともに，農村共同体を思い浮かばせる「マウル」という言葉は，まちづくり政策と社会的経済エコシステム政策の基盤としての意味を持っている政策キーワードとして生まれ変わる。「マウル共同体づくり支援などに関する条例」（第2条第2項）によれば，マウルとは「住民が日常生活を営みながら経済・文化・環境などを共有する空間的・社会的範囲をさす」。ソウルという大都市におけるマウル共同体とは，隣人との間に互恵的関係網が構築された状態を意味し，そのような関係網の種類が豊富であり，そのような関係網を通して頻繁に交流できる相互扶助

的な地域社会が，自然発生的な流れではなく，政策的資源の投入によって意識的に形成された地域コミュニティを意味している。マウル共同体政策の法的根拠となった上記の条例は2012年2月に制定された。その直後，ソウル市では「ソウル革新企画官」という行政部署を設け，その下に「マウル共同体担当官」を置くことになる。この担当官は，マウル企画チーム，マウル協力チーム，そして，マウル事業チームを管轄することとなった。また，2012年2月には，官民ガバナンス機構として「マウル共同体委員会」を設置し，さらに2012年8月には，ソウル市の広域中間支援組織として「マウル共同体総合支援センター」を開所し，民間機関の委託によって運営することとなる。このような支援体制の整備とともに，マウル共同体政策は，都市社会において「マウル」という農村社会のイメージを喚起させる政策用語を使うことで多くの疑問をもたらしていたものの，パク市長のもう1つの目玉政策として注目を浴びることとなった。

マウル共同体政策のビジョンは，「住民の必要によって住民自らが計画し，住民が直接作り上げる地域コミュニティを創り上げること」である。この政策は，既存のまちづくり事業やその1つでもある都市再生事業とは政策の着眼点が異なる。すなわち，この政策はハードウェア中心のまちづくり事業とは異なり，一般住民がまちづくり事業の主体として登場することを容易にする多種多様な小規模の地域コミュニティの形成こそが，まちづくり事業の自発的基盤となり，持続可能なまちづくりの基盤として機能するという考え方に基づいた政策である。たとえば，この政策の基礎的な制度となっているのは，3人以上の住民がマウル共同体事業の申請を行うことができるようにしている政策である。したがって，予算の使い方においても，大規模の予算支援ではなく，小規模の予算（150万ウォン～500万ウォン）で地域に根ざした小規模の共同体形成を支援するような政策を行う[2]。

マウル共同体事業では，6つの領域で15の事業が存在している。6つの領域は経済共同体，文化共同体，住居共同体，福祉共同体，センター事業およびマウル共同体担当官室が主導する事業で構成されている。そして，それぞれの領域ごとに次のような共同体事業が行われることになる。すなわち，経済共同体ではマウル共同体企業および商店街マウル共同体が，文化共同体ではマウルメ

ディア,芸術創作所,ブックカフェおよび伝統家マウル共同体が,住居共同体では安全マウル,共同住宅マウル共同体およびエネルギー自立マウル共同体が,福祉共同体では共同育児,多文化マウル,青少年の休憩カフェおよび父母コミュニティが,ソウル市マウル共同体総合支援センター事業では我がマウル共同体プロジェクトが,最後にマウル共同体担当官室では住民提案事業が計画されている[3]。

コミュニティ(互恵的関係網)の持続可能性を高めていく社会的企業となっているのがマウル共同体企業である。したがって,ソウル市のマウル共同体企業は,安全行政部のマウル企業とはそれぞれの事業体が生み出す社会的有用性のうち,何を重視しているのかが全く異なる。まず第1に,安全行政部のマウル企業においては,事業体の企業家的な側面が地域の資源を活かした雇用創出と所得増大に役に立つものとして位置づけられているならば,ソウル市のマウル共同体企業においては,事業体が有する「ソーシャル・イノベーション」の機能がより重視される。第2に,マウル共同体企業は,マウル企業とは異なり,協同組合方式のマルチ・ステークホルダー所有構造に基づく民主的な意思決定過程を認定の条件としている。第3に,マウル共同体企業は認定条件の1つである事業体としての自立可能性を判断する際に,マウル共同体企業が地域住民や地域団体との間に協同的な関係網を構築しているかどうかを重視する。言い換えれば,地域で構築しているソーシャル・キャピタルを活かして経済資源やボランティアなどの動力を確保していけるかどうかを重視している。すなわち,多元的経済としての社会的企業の特性を重視しているのである。第4に,マウル共同体企業では,自らの組織が提供している社会サービスや製品の公共性を重視しており,そのような社会的価値を実現する過程において地域における互恵的関係網がどれほど回復および活性化するのか,あるいはそのような活動の結果として地域共同体がどれほど回復および活性化するのかを重視しているのである[4]。

2013年現在,ソウル市では110社程度のマウル共同体企業が活動しており,700社程度の「予備マウル共同体企業」が活動している。マウル共同体企業の活動分野を見ると,教育分野が22.1%でもっとも多く,以下,「製造」(18.9%),

「文化」(14.8%),「資源再活用」(9.8%),「その他」(9.8%),「カフェ・食堂」(9.0%),「福祉」(5.7%)の順となっている[5]。マウル共同体企業の支援政策は,地域に根ざした社会的企業の「多様化」を促すことによって,社会的経済エコシステムの潜在力を高める可能性を持っている政策であると言える[6]。また,ハイブリッド組織としての社会的企業の観点からすれば,マウル共同体企業の支援政策はセクター間の肯定的な媒介組織としての社会的企業のハイブリッド化を促進し,また,そのような社会的企業の種類を多様化させ,さらには,社会的企業の組織構造におけるハイブリッド化を発展させる効果を持っている政策であると言える。このような意味からすれば,マウル共同体づくり政策は,同政策から生み出されるコミュニティの規模は小さいが,その潜在力は大きいと言えるであろう。

ソウル市では,上記のような政策が実効的なものになるように,行政革新を積極的に模索していた。それを表す政策スローガンが「マウル志向行政システム」の定着である。このシステムは,マウルの創意性と住民の多様な要望を受容できるマウル単位の行政システムを意味しており,マウル共同体に対する総合的支援を可能にし,マウルという地域エコシステムの作動原理を理解できる公務員の育成を図り,長期的にはマウル単位の都市計画を定着させることをめざしている政策目標概念である。マウル志向行政は,迅速性と住民便宜性の増大を原則とし,2013年には自治区単位でマウル志向行政を拡散させ,住民密着支援を求めていた[7]。

マウル共同体政策は,それによって生み出された地域コミュニティの規模は「小さい」ものであったが,社会的経済エコシステムの形成と都市再生政策においては「大きな」変化を触発するものであった。というのは,マウル共同体政策による多種多様な地域コミュニティの登場と連係は,社会的経済エコシステムの地域化戦略が実効的なものになりうるという可能性を示したからである。また,ソーシャル・イノベーションの主体としての社会的企業に関する政策と都市再生政策の融合が実効的なものになるかどうかの鍵は,第4章で城北区と恩平区の事例から考察したように,小規模の地域コミュニティがどれほど多く形成されているのかどうかにあるからである。これまでの考察から,先

ほどのパク市長の引用文を読み直してみれば，パク市長がマウル共同体政策を通して韓国社会に与えた効果の1つは，韓国社会においても，社会的経済エコシステムの形成や都市再生の政策を推進する際には，「戦略的な地点を爆撃し，社会の変化を導く空軍」のような戦略だけでなく，「下からひとつひとつ変えていく陸軍」のような戦略が不可欠であるという認識の転換を促したことであろう。

Ⅱ 社会的経済基本法案と社会的経済エコシステム

　これまでの考察から，ソウル市およびソウル市内の自治区やその他の地方自治体による社会的経済エコシステムの形成を目的とする政策の社会的有用性は，雇用労働部の想定していた雇用創出や社会サービス以上の社会的価値を創出できるという点を具体的な形で示したものと考えられる。こうした地域レベルでの変化による社会的企業の社会政治的な影響は，2014年に入り，社会的経済エコシステムを活性化するための「社会的経済基本法案」に関する国政レベルでの議論においてあらわれることになった。与野党がそれぞれ独自の法案を発議し，国会で議論できるようになったのである。このことは，韓国社会において，社会的企業と社会的経済組織の社会的有用性が党派やイデオロギーの違いを乗り越えるほどの普遍性を獲得したことを示唆するものである。今後は，与野党間のこの法案をめぐる議論における論点を考察しながら，今後の韓国社会における社会的企業および社会的経済エコシステムの展望を描いてみたい。

　それでは，まず，社会的経済基本法の制定背景と制定目的における与野党の共通点と相違点を考察することにしよう。与党である「セヌリ党」の社会的経済基本法案（2014年4月発議）によれば，この法案の提案理由の背景になっていたのは，両極化（格差社会）である。すなわち，深刻な両極化により韓国社会という共同体が「内部から崩壊する危機に直面している」という問題認識である。同法案の提案理由によれば，国家と市場だけでは健全な共同体を創り上げるには限界があり，そこで注目されたのが，2007年以降，急成長している社会的企業などの社会的経済組織である。というのは，社会的経済が生み出す社会

的価値が活気のある共同体を創る上で有効な代案になりうると考えられたからである。すなわち，社会的経済によって創り上げられる「貧困を解消する福祉，仕事，人および労働の価値，協力および連帯の価値，地域コミュニティの復元，そして，これらを追求する人々の健康な精神と意志など」の社会的価値が活気のある共同体を創り上げる重要な要素であると考えられたのである。

　一方，野党「新政治民主連合党」の社会的経済政策協議会による「社会的経済基本法（初案）」（2014年8月）の提案理由によれば，与党セヌリ党と同様に，提案の背景になっているのは，雇用なき低成長と経済的両極化（格差社会）の深刻化である。このような時代的課題に関する認識の下，新政治民主連合党による法案は，セヌリ党と同様に，社会的経済の自発的成長と発展が韓国社会が現在，抱えている社会問題の解決に「突破口」を提供できる具体的な代案であると評価している。そして，その根拠の1つとして，欧州において，社会的経済が社会革新と共同体発展のための重要な牽引車として活性化していることを挙げている。

資料5-1　社会的経済基本法案の制定目的[8]

党派	制定目的
セヌリ党（与党）	この法律は，社会的経済の持続的発展のために必要な「統合生態系と統合的な推進」を構築し，社会的経済の設立・経営の支援および雇用の創出をはかることで，「格差社会の解消，健全な共同体の形成および国民経済の均衡的な発展」に寄与することを目的とする。
新政治民主連合党（野党）	この法律は，社会的経済の持続可能な発展のために社会的経済の「アイデンティティ」を規定する共通の法的土台を整えることで「社会的経済組織間の連帯」を促進させ，「社会的経済に対する包括的な支援政策と生態系」を形成し，「官民の協治に基づいた政策推進体系」を構築することで，「雇用の創出と社会サービスの提供，地域共同体の開発と生活の質の改善」など，寄与する社会的経済組織を育成・発展させることで，「均衡的な国民経済の発展と経済民主化」に寄与することに目的がある。

　このような時代認識において，与野党は共通しているが，社会的経済基本法の制定目的では違いが見えてくる（**資料5-1参照**）。まず，セヌリ党の案によれば，上記の法律の制定目的となっているのは，「社会的経済基本法を制定し，

第5章 結　論

社会的経済の発展のための政策の樹立・総括・調整などに関して必要な事項を定めることにより，社会的経済の発展を効率的に推進できるようにする一方，社会的経済組織の設立・運営および支援に関する規定を設け，社会的経済に対する体系的な支援環境を形成することに寄与」することである。すなわち，社会的経済組織が自立力を持ち，持続的な成長を行っていくためには，社会的経済エコシステムを形成し，統合的な政策推進体系を構築するための制度が必要であると考えたのである。これに対して，野党案では，政策推進体系における官民の協治に基づくガバナンスを重視しており，社会的経済組織が官治組織となる危険性を防ごうとする政策意図が強調されている。また，同法の制定目的において，与党案は社会的経済の社会的価値として「格差社会の解消，健全な共同体の形成および国民経済の均衡的な発展に寄与すること」を強調しているが，野党案ではそれに加え，「地域共同体の開発」を強調していることが若干異なっていると言える。一方，野党案は法案の目的として「社会的経済のアイデンティティ」を明確にすることを強調しており，さらに，社会的経済の価値と役割を拡散させることを強調している。なぜならば，社会的経済に含まれる事業体の価値とアイデンティティを確立することは，社会的経済組織間の協力と連帯を促進できる「エコシステム」を構築する上で不可欠であると考えたからであろう。このことは，後述する社会的経済組織が生み出す社会的価値をいかに規定すべきであるのか，そして，社会的経済組織の範囲をどのように見るべきか，という問題における与野党間の相違点に対しても影響を与えることになる。言い換えれば，社会的経済基本法案の制定目的における与野党間の議論は，この法案が社会的経済組織の「多様化」と「連帯」を促す制度的基盤になるかどうかの論点をめぐる与野党間の相違点を浮き彫りにする。

　社会的経済に関する定義は，この法案における核心的な内容であるが，**資料5-2**からわかるように，与野党間で大きな違いは見られない。すなわち，両党とも，社会的経済を定義する際に，社会的経済組織が協力と連帯に基づく事業体であることを強調している。しかし，与党案では，協力と連帯の価値だけでなく，積極的な自己革新を強調していることが1つの特徴をなす。一方，野党案では，社会的経済を構成する主体を定義する際に，「社会的経済企業」と「社

資料5-2　社会的経済，社会的経済企業および社会的経済組織の定義

党派	社会的経済の定義
セヌリ党（与党）	社会的経済とは，「構成員相互の協力と連帯，積極的な自己革新と自発的参加」に基づいた「社会サービスの拡充，福祉の増進，雇用の創出，地域共同体の発展，その他の公益」に対する寄与などの「社会的価値」を創出する全ての経済活動を指す。
新政治民主連合党（野党）	社会的経済とは，公共経済と市場経済とは違う「サードセクターの経済領域」であり，共同体構成員の「互恵協力と社会的連帯」に基づく社会的経済組織が財貨とサービスを生産することで，「共同体の利益と社会的価値」を追求する民間領域の全ての経済活動を意味する。
	【社会的経済企業】とは，社会的価値の実現を目標とする「事業」を推進する社会的経済の活動主体。
	【社会的経済組織】とは，社会的経済企業，社会的経済企業協議会・連合会と社会的経済の中間支援組織，その他，大統領によって定められることによって社会的経済活動を持続的に営為することとして認定される企業・法人・団体および社会的経済を実現したり，「社会的経済企業」を支援する活動を主たる目的とする組織の中で大統領によって定められたことによって登録を終えた企業・法人・団体などを包括する組織を意味する。

会的経済組織」を分けているのが特徴の1つとなっている。これは，社会的経済エコシステムを構成する事業体だけでなく，今後，新たに出現するかも知れない多様な構成主体を含める余地を残すためであったと考えられる。また，この区分は，社会的経済エコシステムの構築に寄与する社会的経済組織は，社会的企業などの事業体とはその役割と責任が異なり，また，支援対象の内容と範囲において差を設ける必要性があるという理由で行われたものと考えられる。[9]

　それでは，社会的経済に含まれる事業体や組織に関する与野党の案における相違点は何であろうか。これに関して考察する前に，まず，社会的経済組織や企業の社会的目的を保証する社会的経済の基本原理や基本理念に関する考え方を比較してみよう。これは，どのような組織が社会的経済に含まれるべきなのかを判断する上で重要な基準になるためである。資料5-3を見れば，与野党の案ともに，社会的経済に関する定義における4つの要件を満たしていることがわかる。一方，ここで注目すべき点は，5番目の要件である，社会的経済エ

第5章 結　論

資料5-3　社会的経済組織の基本原理および基本理念

党派	社会的経済の基本原則および基本理念
セヌリ党（与党）	1）社会的経済組織は社会的価値を実現すべきである。
	2）社会的経済組織は自律的で透明に運営されるべきである。
	3）社会的経済組織は多様な利害関係者が参加する民主的な意思決定構造を整えるべきである。
	4）社会的経済組織は生じた利潤を構成員共同の利益と社会的目的の実現のために優先して使用すべきである。
	5）社会的経済組織は「社会的経済の持続可能な成長のために互いに協力」すべきである。
新政治民主連合党（野党）	1）社会的経済組織は互恵協力社会連帯の関係性に基づいて，組織の主たる目的が私的資本の利潤創出と蓄積よりも共同体構成員の利益と社会的目的を優先する社会的価値を追求すべきである。
	2）社会的経済組織は国家と公共機関から自律的，独立的かつ透明に運営されるべきである。
	3）社会的経済組織は意思決定構造に多重の利害関係者が参加できるように定款によって定義され構成された民主的支配構造を整えるべきである。
	4）社会的経済組織は生じた利潤を該当企業組織と地域社会発展のために再投資すべきであり，出資による配分ではなく，寄与に応じた配分など，構成員全体の共同利益と社会的目的の実現のために構成員共同の利益と社会的目的の実現のために優先に使用すべきである。
	5）社会的経済組織は「地域社会の共同紐帯と共同体力量を基盤とする好循環的な発展」を追求することにより，「地域社会の発展」に寄与すべきである。

コシステムの形成において重要な戦略ポイントは何かに関する意見の違いが見えてくることである。与党案では，社会的経済組織同士が協力することを重視しているのに対し，野党案では，「地域コミュニティ」を社会的経済エコシステムが形成・発展していく際の戦略概念として捉えられている。つまり，野党案は，韓国社会における社会的経済エコシステムの形成・発展において，社会的経済組織と地域コミュニティとの好循環関係こそが社会的経済エコシステムを形成・発展させるためのメカニズムとして重要な意味を持っていることを示しているものであろう。ハイブリッド組織としての社会的企業が主導する形で

147

社会的経済エコシステムが構築されるべきであるという本書の観点からすれば，地域を戦略概念として捉えている視点は望ましいものであると評価できる。

　社会的経済組織の構成範囲は，与野党だけでなく，旧社会的経済組織と新社会経済組織の間においても，もっとも熱い争点となる問題である。その争点とは，社会的経済組織の中に，農協や水協のように，社会的経済の基本原則や基本理念の要件を充足することができない事業体を含めるかどうかという問題である。とりわけもっとも大きな経済規模を示している農協を社会的経済基本法が規定する社会的経済に包含すべきであるかどうかが大きな争点となっている。

　与党案では，農協や水協が社会的経済に含まれているが，野党案では，農協の中でも社会的経済の基本理念を充足している農協などに限定している。たとえば野党案では，農協の金融持株会社は含まれていない。与党案をまとめていた社会的経済特別委員会委員長によれば，与党案の背景には，次のような2つの考え方が存在していたようである[10]。その1つは，営利の大企業も社会的経済エコシステムの形成・発展に貢献しようとしているにもかかわらず，「協同組合という名を使用している農協と水協が社会的経済組織にならないことは理にかなっていない」という考え方である。もう1つは，多くの専門家が指摘しているように，農協などが協同組合組織として社会的経済の価値や基本原理を守っていないことは事実であるが，社会的経済基本法を通して本来の役割を充分に果たすべきであるという宣言的意味を持っているので，社会的経済に含めるべきであるという考え方である。

　一方，野党案をまとめた社会的経済政策協議会委員長によれば，野党案は農協の金融持主会社のような組織を社会的経済に含めるとメリットよりも「副作用」がより大きいので，当分は留保すべきであるという考え方に基づいたものである。また，与党案では，「自活企業」だけでなく地域自活センターも社会的経済に含めているが，野党案では「自活企業」は含めているが，地域自活センターは政府の扶助制度の伝達機関であり，自活事業と関連するすべての組織を社会的経済に含めることは望ましくないという立場である。その他にも，社会福祉法人を社会的経済組織に含めるのかが争点の1つになっている。結局のところ，与党案は社会的経済組織の範囲を広く捉える立場を取っているのに対

第 5 章 結　論

資料 5-4　社会的経済組織の範囲

セヌリ党（与党）	新政治民主連合党（野党）
1）社会的企業育成法第2条第1号による社会的企業	1）社会的企業育成法第2条第1号による社会的企業
2）協同組合基本法第2条による協同組合および協同組合連合会，社会的協同組合および社会的協同組合連合会	2）協同組合基本法第2条による協同組合および協同組合連合会，社会的協同組合および社会的協同組合連合会
3）国民基礎生活保障法第15条の2による<u>中央自活センター</u>，第15条の3による<u>広域自活センター</u>，第16条による<u>地域自活センター</u>および第18条による<u>自活企業</u>	3）国民基礎生活保障法第18条による<u>自活企業</u>
4）都市再生活性化および支援に関する特別法第2条第1項第9号によるマウル企業	4）都市再生活性化および支援に関する特別法第2条第1項第9号によるマウル企業
5）農漁民の生活の質の向上および農漁村地域の開発促進に関する特別法第19条の3によって財政支援などを受ける法人・組合・組合・会社・農漁業法人・団体	5）農漁民の生活の質の向上および農漁村地域の開発促進に関する特別法第19条の3によって財政支援などを受ける法人・組合・組合・会社・農漁業法人・団体
6）<u>農業協同組合法による組合および中央会</u>	6）消費者生活協同組合法による組合，連合会および全国連合会
7）<u>水産業協同組合法による組合および中央会</u>	7）<u>農業協同組合法による地域農業協同組合，地域畜産協同組合，品目別・業種別・協同組合および農業協同組合中央会</u>
8）山林組合法による組合，中央会および組合共同事業法人	8）<u>水産業協同組合法による地区別協同組合，業種別水産業協同組合，水産物加工水産業協同組合および水産業協同組合中央会</u>
9）葉煙草生産協同組合法による組合および中央会	9）山林組合法による地域山林協同組合，品目別・業種別山林組合，組合共同事業法人および山林組合中央会
10）信用協同組合法による信用協同組合および信用協同組合中央会	10）葉煙草生産協同組合法による葉煙草生産協同組合および葉煙草生産協同組合中央会
11）セマウル金庫法による金庫および中央会	11）信用協同組合法による信用協同組合および信用協同組合中央会
12）消費者生活協同組合法による組合，連合会および全国連合会	12）セマウル金庫法による金庫および中央会
13）<u>障害者雇用促進および職業再活法第2条第8号による障害者標準事業場</u>	13）<u>中小企業協同組合法による協同組合，事業協同組合および協同組合連合会</u>
14）障害者福祉法第58条第1項第3号による障害者職業再活施設	
15）社会福祉法による社会福祉法人	
16）その他，社会的経済を実現したり，社会的経済組織を支援するために設立した法人または団体	

し，野党案は社会的経済に関する規範的定義を強調しており，さしあたり，旧社会的経済組織の中で社会的経済基本法が規定する社会的経済組織へと転換できる可能性の高い組織に限り社会的経済組織に含めるべきであるという立場を取っていると言える。

Ⅲ　戦略概念としての地域――今後の分析課題――

　最後に，韓国における社会的企業と社会的経済エコシステムの将来を展望することにしたい。本書が注目したのは，「戦略」概念としての地域社会である。この概念には，多種多様な地域コミュニティとそれを基盤とする地域市民社会の形成や発展過程において社会的企業が寄与しないかぎり，ハイブリッド組織としての社会的企業の可能性は広がらなくなるという意味が含まれている。つまり，ハイブリッド組織としての社会的企業の多様な類型は，自らの市民社会的基盤である地域コミュニティと，それを基盤とする地域市民社会の形成・発達に寄与しないかぎり，創出されにくいということである。このような意味からすれば，地域社会こそが社会的企業のハイブリッド性を強化する基盤になるだけでなく，ハイブリッド組織としての社会的企業の多種多様な類型を生み出す市民社会的基盤であり，さらに地域社会こそが，社会的企業の行政や営利企業への制度的同型化を防ぐ力量を磨き，それを蓄積する場であると言えるであろう。また，このような過程を通して活動する社会的企業が増えていくことができてこそ，社会的企業が先導する社会的経済エコシステムの形成も可能になるであろう。

　戦略概念としての地域には，もう1つの意味が含まれている。それは，社会的企業とそれが中心となる社会的経済エコシステムの形成において地方自治体の役割が大変重要であるということである。というのは，第4章において分析したように，地方自治体とりわけ基礎自治体の政策は，地域コミュニティや地域市民社会を基盤とする社会的企業の組織構造におけるハイブリッド化の強化に影響を与えるもっとも重要な要素であるからである。また，地方自治体の政策は，社会的企業が地域レベルにおけるセクター間の協調を促す社会的経済エ

コシステムの形成において中心的な役割を強化する上でもっとも重要な要素であるからである。

　このような意味からすれば，ソウル市が推進している社会的企業と地方自治体とのパートナーシップ関係は，社会的企業が行政の下請け機関として転落することを防ぐ政治的基盤の1つとしての可能性を示していると言える。そのようなパートナーシップ関係が社会的企業のハイブリッド化を強化するメカニズムを特定し，その作用のあり方を本格的に分析する作業は今後の課題としたい。また，公益という観点から社会的企業と地方自治体の望ましいパートナーシップを可能にする行政のあり方，および，行政組織に必要なイノベーションが何かも今後の分析課題である。本書では，社会的企業と社会的経済エコシステムの駆動力が地域社会にあるということを強調したが，実際，どのようにしてそのようになっているかについての詳細な分析は行っていない。このことは今後の大きな研究課題である。したがって，本書は，地域社会を基盤とする社会的企業のハイブリッド性と社会的経済エコシステムの形成過程を分析するための予備的作業としての意義を持っていたと言える。まさにこの点が，社会的経済基本法の内容やその効果に関する分析よりも，今後，その法案がソウル市によるマウル共同体政策や社会的経済エコシステム政策の効果にどのような影響を及ぼすこととなるのかについてより詳細な分析を行いたい理由である。

1）　パクウォンスン（박원순）（著），石坂浩一（編訳）『韓国市民運動家のまなざし――日本社会の希望を求めて――』風土社，2003年，20頁。
2）　ソウル市マウル共同体総合支援センター『インフォグラフィックスでみる2013ソウル市マウル共同体総合支援センターの成果資料集』2014年，9頁。
3）　ソウル市『マウル（小規模の地域共同体）は形成されているのか――マウル共同体支援事業の現況と可能性――』2013年，18-19頁。
4）　イヨンエ（이영애）「地域調査と議題発掘の概念と理論」ソウル市『異なる経済，新しい希望――ソウル市マウル共同体企業――』2014年，29-30頁。
5）　ソウル市『ソウル・生活・人――2013年ソウル市マウル共同体白書――』2014年，139-161頁。
6）　キムゾンナム（김종남）「マウル経済エコシステムとマウル共同体企業」ソウル市『異なる経済，新しい希望――ソウル市マウル共同体企業――』2014年，118-121頁。
7）　ソウル市，前掲注3，64頁。

8） 資料5-1から5-4は，セヌリ党・社会的経済特別委員会による「社会的経済基本法案」，2014年と，新政治民主連合・社会的経済政策協議会による「社会的経済基本法初案」2014年，そしてヤンドンス（양동수）「社会的経済基本法の立法争点」ソウル市社会的経済支援センター『社会的経済基本法に関する立法対応のための汎社会的経済対策委員会の構成提案および第1次ソウル市公聴会資料集』2014年8月13日を用いて，筆者が作成した。
9） ヤンドンス（양동수），同上。
10） マニーツデーイ（Money Today）「農協は社会的経済に含めるべきかどうか——与野党の責任者間の対談——」2014年12月3日記事。

参考文献一覧

1　韓国語の参考文献

イジュウォン（이주원）『マウル共同体事業と関連するマウル型居住福祉方策——ソウル市恩平区サンセマウルの事例を中心に』ソウル研究院，2012年。

イジュウォン「マウル（近隣地域）の再発見とまちづくり」ウワン市オンマウルのまちづくり住民討論会の資料，2014年11月20日。

イヨンエ（이영애）「地域調査と議題発掘の概念と理論」ソウル市『異なる経済，新しい希望：ソウル市マウル共同体企業』2014年。

イヨンファン（이영환）「京畿道の社会的企業現況及び課題」2010社会的企業支援政策国際 シンポジジウム，2010年7月。

ウンピョン想像『頑張れ！　ウンピョン』ソウル市恩平区社会的経済支援センター，2014年。

オンヒョンシック（엄형식）「韓国の社会的経済と社会的企業」『第1次社会的企業の開かれたフォーラムの資料集』2007年。

カクソンハ（곽선화）他『社会的企業3周年，成果評価』雇用動労部学術研究用役報告書，2010年。

カクソンハ他『社会的企業の経済的・社会的成果』韓国社会的企業振興院委託事業報告書，2011年。

韓国協同組合研究所「2013韓国協同組合年次報告書」『協同組合ネットワーク』2014年。

韓国都市設計学会「サンソン洞4区域における対案的開発に関する紹介」『都市コミュニティ研究会の資料集』2012年。

韓国労働研究院「イタリアの社会的企業」『国際労働ブリフ』，2006年。

カンワング（강완구）「先進国事例に比べてみた社会的企業育成方案」行政安全部教育訓練情報センター，2009年。

キムヨン（김우영）「恩平区の地域コミュニティを通して考察した住民参加事業」韓国公共社会学会夏特別学術学会資料集，2013年。

キムキテ（김기태）「社会的経済活性化と民官ガバナンスの重要性」韓国協同組合研究所『協同組合ネットワーク』2014年8月。

キムジョンウォン（김정원）『社会的企業とは何か』アルケ，2009年。

キムジョンウォン「韓国の社会的経済の現況及び展望」キムソンギ（김성기）外『社会的経済の理解と展望』アルケ，2014年。

キムスンヤン（김순양），「社会的企業認証制度の改善方案考察」『社会的企業研究』第2券第2号，2009年。

キムソンギ（김성기）『社会的企業のイシューと争点』アルケ，2011年。

キムソンギ「地域経済開発と社会的経済」キムソンギ（김성기）外『社会的経済の理解と展望』アルケ，2014年。

キムソンギ「社会的経済の制度化と社会的企業育成政策の争点」『the HRD review』2014年5月。

キムゾンナム（김종남）「マウル経済エコシステムとマウル共同体企業」ソウル特別市『異なる経済，新しい希望：ソウル市マウル共同体企業』2014年。
キムヘウォン（김혜원）外『社会サービス分野における仕事の創出方案に関する研究』労働研究院，2005年。
キムヨンベ（김영배）「社会的経済製品の優先購買の支援と社会責任調達法の制定」国会社会的経済フォーラム・相生の形成を切り開く社会的経済フォーラム，2013年。
ザンウォンボン（장원봉）『社会的経済の理論と実際』ナヌムの家，2006年。
ザンウォンボン「社会的企業の制度的同型化の危険と代案戦略」参加社会研究所『市民と世界』第15号，2009年。
シンキョンヒ（신경희），「ソウル市社会的経済事業体の連携発展方案」ソウル市市政開発研究院，2011年。
シンミョンホ（신명호）「市場進入型生産共同体の競争力とその要因に関する分析」『都市研究』7，2001年。
シンミョンホ「韓国社会の新しい貧困と社会的排除」『都市と貧困』第67巻，2004年。
シンミョンホ「韓国の社会的経済概念の定立のための試論」『動向と展望』第75号，2009年。
シンミョンホ「社会的経済の理解」キムソンギ（김성기）外『社会的経済の理解と展望』アルケ，2014年。
ジョンソック（정석）『私は目立つ都市よりもこぢんまりとした都市が好き』ヒョヒョン出版，2013年。
ジョンソンヒ（전성희）『社会的企業』ダウ，2004年。
ジョンビョンユ（전병유）外『社会的就労の創出方案の研究』労働研究院，2003年。
ソンウルチュン（손을춘）『社会的企業支援制度の問題点と改善方案』国会立法調査署2014年。
ソンギョンヨン（송경용）「社会的経済に対する理解と政策の現況」国会社会的経済フォーラム・相生の形成を切り開く社会的経済フォーラム，2013年。
代案開発研究会「これまでの5年を振り返り，ザンスウマウルの未来を語る：座談会」『都市と貧困』第103号，2013年。
チョヨンボック（조용복）「社会的企業育成のための政策課題」ソウル経済，第61号，2009年。
ノデミョン（노대명）外『社会的就労の活性化及び社会的企業の発展方案研究』保健社会研究院，2005年。
ノデミョン（노대명）「韓国の社会的経済の現況と課題」『市民社会とNGO』第5巻第2号，2007年。
ノデミョン「韓国の社会的企業と社会サービス」『保健福祉フォーラム』，2008年。
ノデミョン「社会サービス部門における仕事創出のための政策課題」雇用創出のための国家雇用戦略とビジョンについての国際シンポジウムの報告論文，2006年。
ノデミョン「韓国社会的企業の発展方向に関する考察」『市民と世界』第15号，2009年。
ハンサンジン（한상진）『市場と国家を超えて──社会的企業を通した自活の展望──』ウルサン大学出版部，2005年。
ハンサンジン，ハンミヨン（황미영）「韓国とイギリスの社会的企業の制度化に関する比較研究」『市民社会とNGO』第8巻第1号，2010年。
パクウォンスン（박원순）『マウルで希望を出会う』ゴンヂュンソ，2009年。

パクウォンスン『マウルが学校である』ゴンヂュンソ，2010年。
パクウォンスン『マウル会社』ゴンヂュンソ，2011年。
パクジュヒ（박주희）他「2013 韓国協同組合の年次報告書」韓国協同組合研究所『協同組合ネットワーク』2013年。
パクチャンイム（박찬임）「社会的企業の成長と政府支援――評価と新しい方向――」参加社会研究所『市民と世界』第15号，2009年。
パクハッリョン（박학룡）「ザンスウマウルの住宅改良の実験と課題」『都市と貧困』第94号，2011年。
ヤンゼソップ（양재섭），キムインヒェ（김인희）『ソウルのマウル単位計画の運営実態と自治区役割の改善方案の研究』ソウル研究院，2013年。
ヤンドンス（양동수）「社会的経済基本法の立法争点」社会的経済基本法の制定のためのソウル公聴会。2014年8月11日の資料集。
羅一慶「市民社会と政治参加の日韓比較」中京大学総合政策学部『総合政策フォーラム』第3号，2008年。
羅一慶「韓国市民社会の経路依存的効果」中京大学総合政策学部『総合政策フォーラム』第4号，2009年。

2　日本語の参考文献

アダルベート・エバース「社会的企業と社会的資本」C. ボルザガ・J. ドゥフルニ（編），内山哲郎・石塚秀雄・柳沢敏勝（訳）『社会的企業――雇用・福祉のEUサードセクター――』日本経済評論社，2004年。
加藤知愛「社会的企業による雇用創造に関する研究――韓国の社会的企業育成政策を事例に――」『国際広報メディア・観光学ジャーナル』第16号，2013年。
カルロ・ボルザガ，エルマンノ・トルシア「社会的企業と地域経済開発」OECD（編著），連合総合生活開発研究所（訳）『社会的企業の主流化』明石書店，2010年。
金應圭「韓国の協同組合基本法制定とその意味」『農林金融』第65巻4号2012年。
経済産業省ソーシャルビジネス研究会『ソーシャルビジネス研究会報告書』2008年。
清水敏行『韓国政治と市民社会――金大中・盧武鉉の10年――』北海道大学出版会，2011年。
ジャン・ルイ・ラビル，マース・ニッセンズ「社会的企業と社会経済理論」C. ボルザガ・J. ドゥフルニ（編），内山哲郎・石塚秀雄・柳沢敏勝（訳）『社会的企業――雇用・福祉のEUサードセクター――』日本経済評論社，2004年。
谷本寛治編著『ソーシャル・エンタープライズ――社会的企業の台頭――』中央経済社，2006年。
朴元淳（著），石坂浩一（編訳）『韓国市民運動家のまなざし――日本社会の希望を求めて――』風土社，2003年。
藤井敦史，原田晃樹，大高研道『闘う社会的企業――コミュニティ・エンパワーメントの担い手――』勁草書房，2013年。

3　英語の参考文献

Bidet, Eric, Hyung-Sik Eum, "Social enterprise in South Korea: History and Diversity", *Social*

Enterprise Journal, Vol. 7 , No. 1 , 2011.

Borzaga, C. and Defourny, J., 2001, *The Emergence of social enterprise*. Routledge（C. ボルザガ，J. ドゥフルニ（編），内山哲郎・石塚秀雄・柳沢敏勝（訳）『社会的企業——雇用・福祉のEUサードセクター——』日本経済評論社，2004年）。

Bode, I., Evers, A. and Schultz, A., "Social Enterprises: Can hybridisation be sustainable?", Nyssens, M（ed.）*Social Enterprise: At the Crossroads of Market, Public Policies and Civil Society*, Rutledge, 2006.

Borzaga, Carlo, "Social enterprise", *Handbook of Economics of Reciprocity and Social Enterprise*, Edward Elgar, 2013.

Davister, C. et. al., "Work Integration Social Enterprise in the European Union: An Overview of Existing Models", WP no. 04/04, EMES Working Paper.

Dees, J. G., "Enterprising Nonprofits", *Harvard Business Review*, Vol. 76, 1 , 1998.

Defourny, Jacques, "From Third Sector to Social Enterprise: a European Perspective", International Conference on Social Enterprise. Trento, December 12-14, 2006.

Defourny, Jacques and Marthe Nyssens, "Conceptions of Social Enterprise and Social Entrepreneurship in Europe and the United States: Convergences and Divergences", *Journal of Social Entrepreneurship*, 1（1）, 2010.

Defourny, Jacques, Marthe Nyssens, "The EMES Approach of Social Enterprise in a Comparative Perspective", EMES European Research Network 2012, WP no. 12/03.

Defourny, Jacques, "Third Sector", Luigino Bruni and Stefano Zamagni edit. *Handbook of Economics of Reciprocity and Social Enterprise*, Edward Elgar, 2013.

DiMaggio, Paul & Walter W. Powel, "The Iron Cage Revisited: Institutional Isomorphism and Collective Rationality in Organization Field", *American Sociological Review*, Vol. 48, 1983.

Eikenberry, Angela M. & Jodie Drapal Kluver, "the Marketization of the Nonprofit Sector: Civil Society at Risk?," *Public Administration Review*, Vol. 64, No. 2 , 2004.

Evers, Adalbert, "The Welfare Mix Approach, Understanding the Pluralism of Welfare System", Evers A. and Svetlik, I. (eds.), *Balancing Pluralism, New Welfare Mixes in Care for the Elderly*, Avebury, 1993.

Evers, Adalbert, "The significance of social capital in the multiple goal and resource structure of social enterprise", C. Borzaga and J. Defourny (eds.), *The Emergence of Social Enterprise*, Routledge, 2001.

Evers, Adalbert and Jean-Louis Laville, *The Third Sector in Europe*, Edward Elgar Publishing Ltd, 2004（A. エバース，J. L. アヴィル，内山哲郎・柳沢敏勝（訳）『欧州サードセクター——歴史・理論・政策——』日本経済評論社，2007年）。

Gardin, L., "A variety of resource mixes inside social enterprises", Nyssens, M（ed.）*Social Enterprise: At the Crossroads of Market, Public Policies and Civil Society*, Rutledge, 2006.

Holliday, I. and Kwon, S., "The Korean welfare state: a paradox of expansion in an era of globalization and economic crisis", *International Journal of Social Welfare*, Vol. 16, 2007.

Hulgard, H. and Spear, R., "Social entrepreneurship and the mobilization of social capital in European social enterprise", Nyssens, M（ed.）*Social Enterprise: At the Crossroads of Mar-*

ket, *Public Policies and Civil Society*, Rutledge, 2006.

Laville, J. L., Lemaitre, A. and Nyssens, M., "Public policies and social enterprise in Europe: the challenge of institutionalization", Nyssens, M (ed.) *Social Enterprise: At the Crossroads of Market, Public Policies and Civil Society*, Rutledge, 2006.

Masanari Sakurai and Satoru Hashimoto, "Exploring the distinctive feature of social enterprise in Japan", Second EMES International Conference on Social Enterprise, July 1-4, 2009.

North, D. C., *Institutions, Institutional Change and Economic Performance*, Cambridge Univ. Press, 1990（ダグラス・C・ノース，竹下公視『制度・制度変化・経済成果』晃洋書店，1994年）。

Nyssens, M., "Social enterprise at the crossroads of market, public policy and civil society", Nyssens, M (ed.) *Social Enterprise: At the Crossroads of Market, Public Policies and Civil Society*, Rutledge, 2006.

Shin-Yang, Kim, "The Dynamics of Social Enterprise in South Korea: Between Alternative and Stopgap", EMES Conferences Selected Paper Series, 2nd EMES International Conference on Social Enterprise, Trento (Italy), July 1-4, 2009.

Social Firms UK, so you want to know what's involved in a social firm?, *Value-Based Checklist for Social Firms*, Social Firms UK, 2009.

4　一次資料

韓国関係部署合同『第2次社会的企業育成基本計画（2013〜2017）』2012年。

安全行政部地域発展政策局『2011年マウル（村）企業育成基本計画』2011年。

雇用労働部『社会的就労創出事業の拡充方案』就労創出委員会の会議資料，2004年3月26日。

雇用労働部「社会的企業育成基本計画（2008〜2012）」2007年。

雇用労働部・韓国社会的企業振興院『社会的企業実体調査研究報告書』2012年。

ソウル市ウンピョン社会的経済支援センター『ウンピョン社会的経済生態系造成及び戦略分野の育成事業の3次年度事業計画書』2014年。

ソウル市城北区社会的経済支援団・城北区社会的企業ハブセンター『城北区公共調達の社会的責任性の強化方案の模索』2013年。

ソウル市城北区『城北区まちづくり基本計画』2013年。

ソウル市マウル共同体総合支援センター『マウル共同体は形成されているか？――マウル共同体支援事業の現況と可能性――』2013年。

ソウル市マウル共同体支援センター『2013ソウル市マウル共同体総合支援センター成果資料集』2014年。

ソウル市マウル共同体総合支援センター『インフォグラフィックスでみる2013ソウル市マウル共同体総合支援センターの成果資料集』2014年。

ソウル特別市『2013ソウル市マウル企業の白書――異なる経済，新しい希望，ソウル市マウル企業――』2013年。

ソウル特別市『ソウル市住民参加型再生事業白書――我がまちづくり――』2013年。

ソウル特別市『東北区域（4つの自治区）の社会的経済活性化のための討論会資料集』2013年6月21日。

ソウル特別市『マウルは形成されているのか——マウル共同体支援事業の現況と可能性——』2013年。
ソウル特別市『ソウル市マウル共同体白書——ソウル・生活・人——』2014年。
保健福祉部『2011年自活事業の案内』2011年。
マニーツデーイ（Money Today）「農協は社会的経済に含めるべきかどうか——与野党の責任者間の対談——」（2014年12月3日の記事）。
ヤンドンス（양동수）「社会的経済基本法の立法争点」ソウル市社会的経済支援センター『社会的経済基本法に関する立法対応のための汎社会的経済対策委員会の構成提案および第1次ソウル市公聴会資料集』2014年8月13日。

索　引

あ　行

熱い氷、冷たい火 …………………… 8, 9
EMES ネットワーク ………… 6, 22, 26, 56, 86

か　行

革新型社会的企業 ……………… 49, 116, 138
規範的アプローチ …………………………… 22
基本法協同組合 …………………………… 54, 55
旧社会の経済組織 …………… 30, 68, 71, 148
協同組合 ……………………………………… 56
　　──基本法 …………………… 53, 55, 124
居住環境管理事業 ………………… 104, 121
経済的再生 ……………………………… 108, 110
継続就労型 WISE ……………………… 11, 34
経路依存性 …………………………………… 65, 67
公共勤労事業 ……………………… 74, 76, 79
国民基礎生活保障法 ……………………… 76, 92
コミュニティビジネス ……………………… 34
雇用創出型社会的企業 ……………… 39, 48
混合型社会的企業 …………………… 40, 48

さ　行

ザンスウマウル ……………………………… 111
サンセマウル ………………………………… 121
三位一体のまちづくり ……………… 107, 110
自活企業 ………………… 21, 32, 46, 51, 77
自活支援事業 ……………… 33, 75, 76, 78, 79
自活支援センター ………………………… 33, 77
社会サービス提供型社会的企業 …… 12, 39, 48
社会的企業
　　…………… i, 4, 5, 19, 21, 24, 26, 36, 52, 57, 65, 80
　　──育成法 ……………… 1, 67, 81, 89, 92
　　──に対する間接支援制度 …… 41, 43, 44
　　──に対する直接支援制度 ……… 41, 43
　　──のハイブリッド化 … 9, 15, 41, 59, 61, 150
　　──のハイブリッド性 …… 7, 102, 118, 132, 151

社会的起業家 ……………………………… 103
社会的協同組合 ………… 11, 52-56, 58, 59, 81, 83
社会的経済 ………………… 22, 27, 82, 87, 97
　　──エコシステム
　　　………… 11, 82, 83, 99, 130-132, 137, 139, 143
　　──企業 ……………………………… 145
　　──基本法案 …………………………… 4, 143
　　──組織 …………………… 10, 23, 28, 29
　　──組織に関する政策 ………………… 84
社会的就労事業 …………………… 75, 76, 78-80
　　──団 …………………………………… 20, 46
社会的包摂 …………………………… 2, 12, 49
住民参加型地域再生事業
　　…………………… 108, 111, 117, 119, 124
住民参加型地域再生政策 ……… 9, 15, 100, 107
就労移行型 WISE ……………………… 34, 78
新社会的経済組織 ……………… 30, 71, 148
生産型社会の経済組織 …………………… 32
生産者共同体運動 ………………………… 72
制度的同型化 ……………………………… 9, 41
セクター間の関係性としてのハイブリッド性
　　……………………………………………… 7
ソウル市の社会的経済組織 ……………… 86
ソーシャル・キャピタル
　　…… 8, 15, 60, 61, 93, 94, 110, 113, 115, 129, 130, 132
ソーシャルデザイナー ……………………… ii
ソーシャルビジネス ……………………… ii, 20
組織構造におけるハイブリッド性
　　………………………………… i, 7, 25, 26, 35
その他の型の社会的企業 ……………… 40, 48

た　行

代案開発研究会 …………………………… 114
多元的経済組織 ……………… 7, 8, 15, 60
地域コミュニティ
　　…………… 85, 86, 88, 102, 105, 112, 120, 130, 147
地域自活センター ………………………… 33

159

地域社会貢献型社会的企業
　……………… 12, 13, 34-37, 39, 48
都市貧民運動 ………………… 72, 73
隣近所大工 …………………… 112, 116

な　行

認証社会的企業 ……………………… 37
農漁村共同体会社 ……………… 35, 37

は　行

ハイブリッド組織としての社会的企業
　…… ii, 5-7, 51, 58, 89, 93, 103, 109, 115, 131, 150
ヒキガエルハウジング（社会的企業・ヒキ
　ガエル）………… 113, 120, 126, 130
ヒキガエルハウジング事業（ハウジング事業）
　…………………………… 120, 125
物理的再生 …………………… 108, 110
文化的再生 …………………… 110, 112

法制度的アプローチ ………………… 22

ま　行

マウル ……………………………… 139
　――企業 ……………… 34, 37, 106, 141
　――共同体 ………………… 103, 109
　――共同体企業 …… 85, 104, 106, 114, 141
　――共同体事業 ………………… 112
　――共同体政策 ………………… 105
　――志向行政システム ………… 142
マルチ・ステークホルダー組織 …… 7, 8, 14, 56

や　行

予備社会的企業 ……………………… 38

ら　行

労働統合型社会的企業 …… 11, 20, 33, 38, 50

■著者紹介

羅　一慶（ラ・イルキョン）

中京大学総合政策学部教授
1967年韓国ソウル市に生まれる。1990年延世大学政治外交学科卒業。
2003年慶應義塾大学大学院法学研究科後期博士課程単位取得退学。
博士（法学）。
主な著書に『地方自治体をめぐる市民意識の動態』（共著）（慶応義塾大学出版会，2005年），『日本の市民社会におけるNPOと市民参加』（単著）（慶応義塾大学出版会，2008年），『Government and Participation in Japanese and Korean Civil Society』（共著）（木鐸社，2010年），『民際力の可能性』（共著）（国際書院，2013年）など。

ソーシャルビジネスの政策と実践
―― 韓国における社会的企業の挑戦

2015年4月10日　初版第1刷発行

著　者　　羅　　一　慶
発行者　　田　靡　純　子
発行所　　株式会社　法律文化社

〒603-8053
京都市北区上賀茂岩ヶ垣内町71
電話 075(791)7131　FAX 075(721)8400
http://www.hou-bun.com/

＊乱丁など不良本がありましたら，ご連絡ください。
　お取り替えいたします。

印刷：亜細亜印刷㈱／製本：㈱藤沢製本
装幀：石井きよ子

ISBN 978-4-589-03674-2

Ⓒ2015　Ra Ilkyung Printed in Japan

JCOPY 〈(社)出版者著作権管理機構 委託出版物〉

本書の無断複写は著作権法上での例外を除き禁じられています。複写される場合は，そのつど事前に，(社)出版者著作権管理機構（電話 03-3513-6969，FAX 03-3513-6979,e-mail: info@jcopy.or.jp）の許諾を得てください。

山本 隆編著
社 会 的 企 業 論
―もうひとつの経済―
Ａ５判・270頁・3000円

「ソーシャル」と「ビジネス」の接近により，世界中で成長している社会的企業について，その機能を解明する。理論，国際比較，事例研究，実務の４部構成で，社会的企業が誰のために，何を，どのように行う事業体か，その全体像と本質に迫る。

西村仁志編著
ソーシャル・イノベーションが拓く世界
―身近な社会問題解決のためのトピックス30―
Ａ５判・230頁・2600円

社会における様々な困りごとを「放ってはおけない自分ごと」として，解決にあたる方法論と実践例を提示。トピックごとにどこからでも読み始め／読み切ることができるコンパクトな構成で実践や研究への第一歩をサポート。

橋本 理著
非営利組織研究の基本視角
Ａ５判・312頁・5400円

企業形態論の枠組みを用いて経営学の立場から理論的・概括的に非営利組織の本質に迫り，可能性を解明。第Ⅰ部では，先行研究の動向と理論分析を試み，第Ⅱ部で「社会政策の経営学」という新しいタイプの事業組織を提示する。

後 房雄著
NPOは公共サービスを担えるか
―次の10年への課題と戦略―
Ａ５判・216頁・2500円

「官から民へ」「中央から地方へ」という公的諸制度の大改革のなか，NPO法執行後10年を経たNPOセクターの到達点をふまえ，今後NPOは公共サービス提供の担い手になるべきであるとする著者の問題提起の書。

福原宏幸編著／
〔シリーズ・新しい社会政策の課題と挑戦第１巻〕
社会的排除／包摂と社会政策
Ａ５判・280頁・3300円

ヨーロッパ諸国における社会的排除概念の発展と政策への影響を概観。ホームレス，母子世帯，不安定雇用の若者などの事例を取り上げ，社会的排除概念の日本への導入と実践を紹介する。格差や貧困などの議論にも言及。

―― 法律文化社 ――

表示価格は本体(税別)価格です